完全图解现代儿童教育心理新话题

破解儿童情绪障碍的难题

张 明 主编

科学出版社
北京

内 容 简 介

本书作为"完全图解现代儿童教育心理新话题"丛书之一，阐述了儿童情绪障碍的相关知识。主要内容包括儿童情绪障碍的基础知识，儿童情绪障碍的影响因素与治疗方法，以及焦虑症、恐惧症、强迫症和抑郁症的应对策略等。

将儿童情绪障碍的相关内容，以各个独立的话题呈现，旨在使读者轻松地获取儿童情绪障碍的科普知识。从而带领读者走进情绪障碍儿童的世界，以帮助情绪障碍儿童增强信心、发挥潜能、融入正常的生活中。

本书对于读者具有较强的指导作用和实用价值，是教师和家长重要的资料和参考书。

图书在版编目（CIP）数据

破解儿童情绪障碍的难题/张明主编.—北京：科学出版社，2018.1
（完全图解现代儿童教育心理新话题）
ISBN 978-7-03-054927-3

Ⅰ.破… Ⅱ.张… Ⅲ.情绪障碍-儿童教育-特殊教育 Ⅳ.G766

中国版本图书馆CIP数据核字（2017）第257936号

责任编辑：张莉莉 赵丽艳 / 责任制作：魏 谨
责任印制：张克忠 / 封面设计：杨安安
北京东方科龙图文有限公司 制作
http://www.okbook.com.cn

科 学 出 版 社 出版
北京东黄城根北街16号
邮政编码：100717
http://www.sciencep.com

三河市骏杰印刷有限公司 印刷
科学出版社发行 各地新华书店经销

*

2018年1月第 一 版 开本：720×1000 1/16
2018年1月第一次印刷 印张：11 1/2
字数：180 000

定价：39.80元
（如有印装质量问题，我社负责调换）

序　言

在我们身边有少数这样的儿童或青少年：

（1）他们的听觉器官没有损伤，却难以理解他人的言语；他们活泼聪明却总是词汇贫乏、使人无法理解他们要表达的意思；他们认真努力却总是把一个简单的字左右两边写颠倒。

（2）他们身体健康无病，却常常焦虑或惊恐不安；胆怯、害羞或退缩；爱发脾气、情绪低落；反复的、刻板的强迫观念或强迫动作。

（3）他们学习动机、情绪和行为都没有问题，在其他学业领域可能也正常，却在阅读技能方面有明显缺陷，对书面语言的阅读理解困难。

（4）他们的智商不低，可上课却总是走神，很难集中注意听讲5分钟以上，学习成绩差，是教师眼中"聪明的笨孩子"。

社会大众已经开始对上述人群给予关注，教师和家长十分渴望得到有效的方法去帮助和指导他们，但仍存在许多误区和困惑。如何正确地认识这些障碍？怎样辨别、理解和帮助这些人？这正是我们编写这套丛书的目的。

在面对上述困惑时，人们虽然在网上或专业书籍中可以查到相关资料，但晦涩难懂的专业术语，零散的知识使人眼花缭乱，根本无法获得科学而有益的帮助。这套图解科普丛书，正是为了帮助广大读者解决内心困扰而撰写的。这套书包括《探索言语障碍儿童的世界》《破解儿童情绪障碍的难题》《走出儿童阅读障碍的困境》和《找寻注意缺陷多动障碍的对策》。其特点是将许多相关科学知识用通俗易懂的语言和生动、直观的图表形式表现出来，并且将每一话题作为一个独立的单元，使读者阅读时感到轻松。

我们试图在介绍相关科学知识的同时，给读者一个启示：对这些障碍人群问题本质的理解，有助于帮助这些人增强信心，发挥潜能，融入正常的生活中。

　　本丛书由我主持编写，参加编写的各位编者均是有心理学专业背景的一线心理辅导教师，他们付出了很多辛勤的劳动。借此机会对参与书稿编写的同仁致以由衷的谢意，正是各位辛勤的劳动才使这套丛书得以与读者见面。

　　尽管我和各位编者花费了很多的时间和精力在此书稿之中，但文中的疏误在所难免，还望读者诸君不吝指正。

张　明

二〇一六年秋于苏州独墅湖畔

1

第1章

**情绪障碍的
基础知识**

第2章

情绪障碍的
影响因素与治疗方法

第3章

解析焦虑症

第4章

4

解析恐惧症

第5章

解析强迫症

第6章

解析抑郁症

第1章
情绪障碍的
基础知识

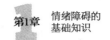
情绪的概念
喜怒哀惧皆情绪

在现实生活中，我们经常因高兴而开怀大笑，因悲伤而伤心落泪。这种给我们带来许多种心境，充满了神奇力量的心理感受就是情绪。在心理学中，我们把人对客观事物的态度体验及相应的行为反应，称为情绪。

情绪可以让我们精神焕发，也可以让我们萎靡不振；可以让我们理智地去思考，也可以让我们失去控制地暴跳如雷；可以让我们觉得生活充满了甜蜜和幸福，也可以让我们感到生活是那么无味而沉闷，抑郁而痛苦；可以让我们冷静，也可以让我们冲动。情绪存在每个人身上，而且在不同时期、不同场合、不同地点产生着各异的效果，这就是情绪的巨大力量。

在生活中，我们把情绪分为喜、怒、忧、思、悲、恐、惊七种，也就是人们常说的"七情六欲"中的"七情"。情绪是我们与生俱来的，几乎每个人都会有这样或那样的情绪和烦恼，它就像我们的"保安系统"。一旦身边的人和事对我们身心构成威胁，这个"保安系统"就会发挥作用并发出相应的警告信号。如我们遇到危险，就会产生恐惧情绪，迫使我们要么躲避，要么抵抗；如果有人刺伤我们的自尊，就会产生先郁闷后愤怒的情绪，提醒我们寻求缓解；如果我们做错了事，内心就会感到内疚和自责，情绪便会驱使你纠正自己的行为，为自己的错误做些补偿。

人类具有四种基本的情绪：快乐、愤怒、恐惧和悲哀。快乐是一种追求并达到目的时所产生的满足体验，它是具有正性享乐色调的情绪，使人产生超越感、自由感和接纳感；愤怒是由于受到干扰而使人不能达到目标时所产生的体验，当人们意识到某些不合理的或充满恶意的因素存在时，愤怒会骤然发生；恐惧是企图摆脱、逃避某种危险情景时所产生的体验，引起恐惧的重要原因是缺乏处理可怕情景的能力与手段；悲哀是在失去心爱的对象或愿望破灭、理想不能实现时所产生的体验，悲哀情绪体验的程度取决于对象、愿望、理想的重要性与价值。

情绪是指人对客观事物的态度体验及相应的行为反应.

欣喜　欢乐　愉悦　开心　喜悦　舒心　自在
满意　狂喜
心旷神怡　眉开眼笑　欢欣鼓舞　春风满面
兴高采烈　扬眉吐气　手舞足蹈

愤怒　气恼　气愤　大怒　不满　生气
恼羞成怒　怒不可遏　暴跳如雷　七窍生烟
怒发冲冠　怒目而视　咬牙切齿　愤愤不平
拍案而起

悲哀　哀伤　心痛　凄凉　忧郁　伤感　难过
失望　哀痛　悲伤　遗憾
悲痛欲绝　伤心不已　泪流满面

害怕　心悸　退避　仓惶　紧张　担心
大惊失色　手足无措

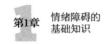
情绪的生理变化
身体随着我们的情绪而变

　　我们已经知道情绪是人们对客观事物的态度体验，也是一个人心理活动的核心。但是，情绪也影响着我们的身体和生理，制造了许多没有预先警告的、我们并不知情的变化。

　　这些变化表现在哪里呢？当情绪发生时，人体的心血管、呼吸、消化、泌尿、生殖系统、皮肤、血液、代谢、内分泌、骨骼、肌肉等生理功能，都会发生一些明显的变化。这些变化是自主神经系统、内分泌系统和躯体功能三方面共同作用的结果，其中以自主神经系统的活动最为活跃和重要。

　　自主神经系统差异主要针对消极情绪，在悲哀、愤怒和恐惧状态中可以看到心率加速，厌恶状态中可以看到心率减速。实验证明，情绪会引起内分泌腺相应的变化。强烈的情绪可以引起心跳加快，血管收缩或者扩张，导致血压升高或下降，呼吸变得急促或节律失常，肠胃及消化道功能减弱，产生尿少或尿频，皮肤电阻降低，全身肌肉组织扩张等反应。情绪的生理反应往往表现为交感神经兴奋的特征。比如，愉快的情绪可使副交感神经反应性增强，从而造成易激动、促动，内脏和皮肤血管扩张导致脸红、潮热等；相反，恐惧和愤怒则主要兴奋了交感神经。

　　人们在愤怒时会呼吸急促，如果突遇惊恐还会造成呼吸中断和停止；心跳速度也会比平常的心跳频率增加；紧张和突发性情绪变化还会给身体带来机体痉挛。消极而抑郁的情绪往往会阻碍消化系统的功能。当情绪处于焦虑和悲伤时，抗利尿激素分泌受到抑制，引起排尿次数增加，肠胃蠕动功能减弱，导致食欲不振、厌食情绪等，吸收营养就更差了；当情绪紧张、惊恐愤怒时唾液停止分泌，口干舌燥，气息紊乱、呼吸急促等，肾上腺素分泌增加更导致血糖、血压、消化、泪腺、汗腺等生理活动的变化。

　　随着现代科技的发展，与心理过程相联系的脑科学研究已经起步。这一点主要表现在神经科学与认知科学的结合上。因此，把情绪或情绪障碍的研究结果加以整理，在此基础上开展与脑神经科学相联系的研究已成为一种趋势。

情绪对身体的影响

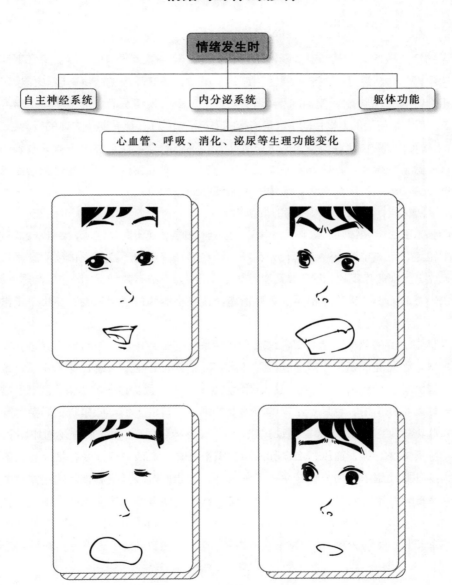

情绪发生时

自主神经系统　　　内分泌系统　　　躯体功能

心血管、呼吸、消化、泌尿等生理功能变化

情绪与心理健康的关系
好情绪，好心理

　　人的情绪调适与心理健康关系非常密切，在正常的情绪下，情绪反应符合下列几个条件：第一，情绪是由适当的原因引起的；第二，情绪反应的强度，应和引起它的情境相称；第三，当引起情绪的因素消失之后，反应会视情况而逐渐平复。正常的情绪反应，不论是积极的（愉快的）还是消极的（不愉快的），都有助于个体的行为适应。

　　愉快而平稳的情绪，能使人的大脑处于最佳活动状态，保证体内各器官系统的活动协调一致，使得食欲旺盛，睡眠安稳，精力充沛，充分发挥有机体的潜能，提高脑力和体力劳动的效率和耐久力。愉快的情绪还能使整个机体的免疫系统和体内化学物质处于平衡状态，从而增强对疾病的抵抗力。

　　而强烈的负性情绪则会影响人的学习、生活和健康。现代医学证明，精神状态不佳、情绪不稳定，可能导致不少疾病，如头痛、神经衰弱、消化不良等。情绪问题不仅会使人身体上出现病症反映，还会导致学习能力降低，如不能有效地记忆、想象和思考等。焦虑、忧愁、恐惧、愤怒等都属于负性情绪，这些不愉快的情绪只要适当也是正常而有益的。

　　个体在适度的焦虑情绪之下，大脑和神经系统的张力增加，思考能力亢进，反应速度加快，因而能提高工作效率和学习效果。人们常说，生于忧患，死于安乐，革命者要忧国忧民，先天下之忧而忧，这说明忧愁也有好的一面。过分的恐惧，固然反常，但对一切都不知惧怕，也是不正常的。适度的惧怕，可使人们小心警觉，避免危险，预防失败。恐惧使个体进入紧张激动状态，由于交感神经兴奋，肾上腺分泌增加，呼吸、心跳、脉搏加快加强，血压、血糖和血中含氧量升高，血液循环加快，把大量营养输送给大脑和肌肉组织，血小板较平时增加很多，因此血液较易凝固，而消化器官的活动将会降低，甚至完全停止，这种应激反应的作用，使身体有较多的能量来应付当前的危险。

　　由此可见，我们应该保证正常适当的情绪反应，才能有助于心理良好、健康的发展。

好情绪才有好心理

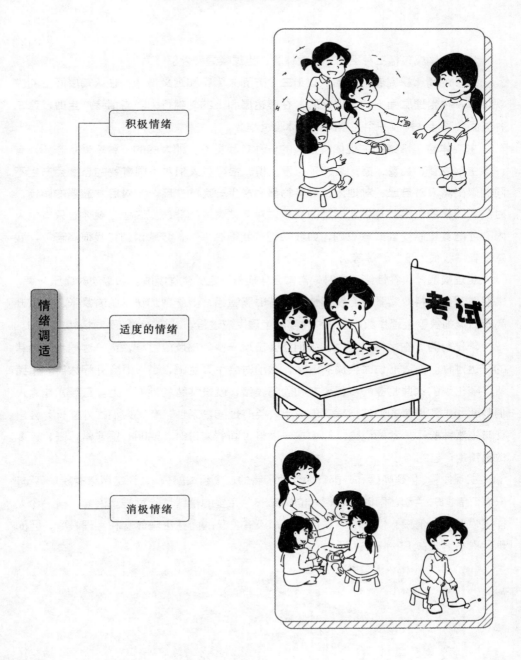

积极情绪

情绪调适 ——— 适度的情绪

消极情绪

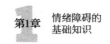
情绪的构成成分
完整的情绪体验过程有哪些

情绪的构成包括三种层面：主观体验、生理唤醒和外部行为。

众多的情绪研究者们大都从以上三个方面来考察和定义情绪：在认知层面上的主观体验，在生理层面上的生理唤醒，在表达层面上的外部行为。当情绪产生时，这三种层面共同活动构成一个完整的情绪体验过程。

主观体验　情绪的主观体验是人的一种自我觉察，即大脑的一种感受状态。人有许多主观感受，如喜、怒、哀、乐、爱、惧、恨等。人们对不同事物的态度会产生不同的感受。人对自己、对他人、对事物都会产生一定的态度，如对朋友遭遇的同情，对敌人凶暴的仇恨，对事业成功的欢乐，对考试失败的悲伤。这些主观体验只有个人内心才能真正感受到或意识到，如我知道"我很高兴"，我意识到"我很痛苦"，我感受到"我很内疚"，等等。

生理唤醒　人在情绪反应时，常常会伴随着一定的生理唤醒。如激动时血压升高；愤怒时浑身发抖；紧张时心跳加快；害羞时满脸通红。脉搏加快、肌肉紧张、血压升高及血流加快等生理指数，是一种内部的生理反应过程，常常是伴随不同情绪产生的。

外部行为　在情绪产生时，人们还会出现一些外部反应过程，这一过程也是情绪的表达过程。如人悲伤时会痛哭流涕，激动时会手舞足蹈，高兴时会开怀大笑。情绪所伴随出现的这些相应的身体姿态和面部表情，就是情绪的外部行为。它经常成为人们判断和推测情绪的外部指标。但由于人类心理的复杂性，有时人们的外部行为会出现与主观体验不一致的现象。比如在一大群人面前演讲时，明明心里非常紧张，还要做出镇定自若的样子。

主观体验、生理唤醒和外部行为作为情绪的三个组成部分，在评定情绪时缺一不可，只有三者同时活动，同时存在，才能构成一个完整的情绪体验过程。例如，当一个人佯装愤怒时，他只有愤怒的外在行为，却没有真正的内在主观体验和生理唤醒，因而也就称不上有真正的情绪过程。

情绪的构成

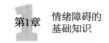
情绪的三种状态
情绪状态有哪些

心境　是一种微弱而持久的情绪状态。例如，心情舒畅时，觉得一切都是美好的，花儿在笑，鸟儿在唱，干什么事情都乐滋滋的；而在灰心丧气时，一切都黯然失色，见花落泪，对月伤悲，干什么事情都打不起精神。这就是心境，它具有弥散性，不是指向特定的对象，而是作为一种心理背景，使人的一切活动都带有某种情绪色彩。心境持续时间有很大差别，少则几天，长则数周、数月或更长。心境对人的学习、工作和身心健康有很大影响。积极乐观的心境，可以提高人的活动效率，增强信心，使人对未来充满希望；消极悲观的心境，则会降低人的活动效率，使人丧失信心和希望。

激情　是一种强烈而短促的情绪状态。这种情绪状态通常是由具有重大意义的事件引起的。例如，重大成功之后的狂喜，惨遭失败之后的绝望，亲人突然死亡引起的极度悲痛等。由于激情是生活中突然的、剧烈的、重大的变化所引起的，所以激情具有强烈性、爆发式、为时短暂的特点。激情有积极和消极之分。积极的激情能激励人们战胜困难去实现目标，是鼓舞人们行动的巨大动力；消极的激情则会冲昏头脑，做出一些不理智的冲动行为，对身心健康和人际关系起到不良作用。

应激　是出乎意料的紧急情况所引起的高度紧张的情绪状态。在现实生活中，有时会出现一些突如其来、意想不到的危险情况，人们必须动员自己的全部力量应付危急形势，这时人们所产生的一种高度紧张的情绪状态就是应激。例如，"9·11"事件、车祸、火灾、地震等情况，都会使人进入应激状态。应激有积极作用，也有消极作用。一般应激状态使机体具有特殊防御、排险机能，使人精力旺盛、思维清晰、动作机敏，从而化险为夷。但强烈的应激，会产生全身兴奋，使知觉范围缩小，语言不规则，行为动作紊乱。加拿大生理学家塞里（H. Selye）提出，应激状态延续能击溃人的生物化学保护机制，导致胃溃疡、胸腺退化等疾病，甚至发生临床休克或死亡。

情绪的不同状态

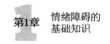
情绪与情感的关系
情绪和情感有区别吗

在现实生活中，情绪情感是紧密联系在一起的，但二者却存在着一些差异。

从需要的角度看　情绪更多的是与人的物质或生理需要相联系的态度体验。如当人们满足了饥渴需要时会感到高兴，当人们的生命安全受到威胁时会感到恐惧，这些都是人的情绪反应。情感更多的与人的精神或社会需要相联系，是与社会性需要相联系的高级的主观体验，例如义务感、责任感、爱国主义情感等。一般说来，可以把情感分为理智感、道德感、美感。如友谊感的产生是由于我们的交往需要得到了满足，当人们获得成功时会产生成就感。友谊感和成就感就是情感。

从发生早晚的角度看　从发展的角度来看，情绪发生早，情感产生晚。人出生时会有情绪反应，但没有形成特定情感。如人刚生下来时，就有哭、笑等情绪表现，并没有道德感、成就感、理智感和美感等，这些情感反应是在幼儿时期，随着儿童的心智的成熟和社会化过程而逐渐形成的。因此，情绪是人与动物所共有的，而情感是人所特有的，它是随着人的年龄增长而逐渐发展完善起来的。

从反映特点的角度看　情绪与情感的反映特点不同。情绪具有情境性、激动性、暂时性、表浅性与外显性，如当我们遇到危险时会极度恐惧，但危险过后恐惧就会消失；当遇到令人高兴的事就会兴奋，但事情过后这种兴奋就会逐渐转淡。情感具有稳定性、持久性、深刻性、内隐性，如大多数人不论遇到什么挫折，其自尊自强的心不会轻易改变。人对父母、兄弟姐妹、爱人和朋友的深刻情感也是稳定而持久的，深沉的爱体现了情感的深刻性与内隐性。实际上，情绪和情感既有区别又有联系，它们总是彼此依存，相互交融在一起。稳定的情感是在情绪的基础上形成起来的，同时又通过情绪反应得以表达。如学生某学科成绩一直很好，时间长了就会喜欢这一学科，当他喜欢上这一学科后，会因为这科考试成绩好而欢喜，也会因为成绩不理想而伤心。因此离开情绪的情感是不存在的。而情绪的变化也往往反映了情感的深度，而且在情绪变化的过程中，常常饱含着情感。

情绪与情感的区别和联系

情绪与情感的区别

	情　绪	情　感
需要角度不同	物质或生理需要	精神或社会需要
发生时间不同	发生时间早，出生就有，随着年龄增长而逐渐发展完善	发生时间晚，出生时没有，随着儿童的社会化过程而逐渐形成
	人与动物所共有	人所持有
反映特点不同	情境性、激动性、暂时性、表浅性与外显性	稳定性、持久性、深刻性、内隐性

情绪与情感的联系

情　绪	情　感
基础、外部表现	深化、本质内容

情　绪

情　感

气质类型对情绪的影响

心理专家解读"急脾气"

我们常会遇到这样一些人，他们非常容易冲动，刚有个想法就急着付诸行动，想什么就说什么，经常一说就犯错，说过再后悔。可一遇到事情，又故态复萌。其主要特点如下。

胆汁质性格　要了解导致急躁的原因，我们就要先对人的气质类型有个基本的概念。气质是个性的重要组成部分，也就是我们通常所说的"脾气"。心理学认为，气质是指一个人所有的典型的、稳定的心理特征。我们所说的那些"急躁、冲动"的人，其性格特征倾向于胆汁质。典型的胆汁质心理特征是脾气性格急躁，容易冲动。同时，自制力较差，行事草率简单和鲁莽。通常一个人的气质决定了他为人处事的方式，在生活中，这种方式一般变化不大，因此，"胆汁质"的人，往往一而再、再而三地急躁冲动。

急于满足内心欲望　除了性格因素外，还有一些因素导致有的人经常表现得很急躁。首先，自我表露欲望强烈。有些人喜欢表现自我，总想炫耀自己机灵、能干。于是，他们会在人前抢着把话说出来，或把事提前做完。其次，以自我为中心。有些人心中只关注自我，说话、做事只考虑自己的感受。长此以往，就形成了想说就说、想做就做的心理定势。最后，缺乏耐性。还有的人缺乏耐性，做事情只图一时痛快，而不计后果。这也让他们显得很冲动，很急躁。

虽然，气质或性格比较稳定，但并非不能改变。随着年龄的增长以及社会阅历、生活经验的增加，它就会出现一定程度的变化。所以，"急脾气"要注意努力加强个性修养，在日常生活中要从点滴小事做起，有意识地磨炼自己的耐性，用行为改变性格。首先，有些话想冲口而出的时候，你不妨先做做深呼吸，让自己平静下来。其次，可以不断地给自己心理暗示，例如，不停地在心中默念我要再考虑考虑，也会使自己变得沉稳。当然也可以通过书法、绘画等磨炼性情，也能变得沉静而有耐性。

此外，遇到事情先和亲人、朋友商量，不要急着自己做决定，尤其面临重大问题时，先征求亲友的意见。这样不仅可以延迟做决定的时间，还能让自己有机会更全面地思考问题。

急脾气人的表现

急脾气的特点

胆汁质性格   急于满足内心欲望

典型胆汁质心理特征：

① 脾气性格急躁，容易冲动；

② 自制力差，行事草率简单、鲁莽

急于满足内心欲望的心理特征：

① 自我表露欲望强烈；

② 以自我为中心；

③ 缺乏耐性

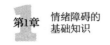
创伤后应激障碍
重大创伤后情绪受损的表现有哪些

创伤后应激障碍是指由异乎寻常的威胁性或灾难性心理创伤，导致延迟出现和长期持续的精神障碍，是一种创伤后心理失衡的状态。主要表现如下。

急性应激反应 这是指一类因极其严重的躯体或心理应激因素而产生的短暂精神障碍。一般在受到应激性刺激后数分钟至数小时内发病。应激源可以是任何人都难以承受的创伤体验，如自然灾害、事故、战争、受罪犯的侵袭等对个人安全或躯体完整性的严重威胁；也可以是个人社会地位的急骤改变，例如同时丧失多位亲人或家中失火。若同时存在躯体状况衰竭或器质性因素（如老年人），发病的危险性随之增加。症状因个体易感程度和应付能力而有所变异。典型的表现是最初出现"茫然"状态，轻度意识模糊、注意狭窄、不能领会外在刺激、定向错误。呈伴有情感迟钝的精神运动抑制，或表现为伴有强烈恐惧的精神运动性兴奋，逃跑、神游、行为盲目。常存在心跳过速、出汗、皮肤潮红等自主神经症状。症状多在 2~3 天内消失，若应激因素持续存在，症状在 3 天后也会变得轻微。患者对于发作常有部分或完全的遗忘。

慢性创伤后应激障碍 这是属于灾难性打击的远期心理功能障碍。一是病程迁延，可长达多年；二是发病与创伤性刺激的时间间隔延迟，临床表现与急性型大致雷同。特点是反复出现创伤时体验、噩梦，或"触景生情"的痛苦，导致明显社会功能缺损。症状固定化和习惯化，常伴有继发的心理障碍。

适应障碍 适应障碍是一种短期的和轻度的烦恼状态及情绪失调，对明显的处境变化或应激性生活事件所表现的不适反应，如考入大学、移居国外等。通常导致职业或社会功能的损害。适应障碍的发生是由于心理社会应激因素与个体素质共同作用的结果。症状包括抑郁、焦虑、烦恼、不安等情绪障碍；感到对现实处境不能应付，无所适从，活得太累，能力下降；不愿与人交往，退缩；睡眠不佳、食欲不振等生理功能变化。病程一般不超过 6 个月，由于经过调整建立了新的适应，精神障碍随之消失，社会功能恢复。

创伤后应激障碍的表现

创伤后应激障碍
- 急性应激障碍
- 慢性应激障碍
- 适应障碍

范进中举

自从半年前的一次地震，他就经常做噩梦

自从一年前他妈妈去世，他经常不敢一个人睡

不良情绪的简述
哪些情绪是不良情绪

所谓不良情绪是指两种情形：一为过度性的情绪反应。二为持久性的消极情绪。二者对于人的健康和社会适应都是有害的。

过度性的情绪反应　它是指心理体验过分强烈，超出了一定限度。人的情绪虽然主要受皮层下中枢支配，但是当这一部分活动过强时，大脑皮层的高级心智活动，如推理、辨别等将受到抑制，使认识范围缩小，不能正确评价自己行动的意义及后果，自制力降低；引起正常行为的瓦解，并使其工作和学习效率降低。国外有人做过这样一个实验：让几个大学生分别进入实验室，该室有四个门，其中三个门是锁住的，只有一个门可以打开，实际上只要按顺序将各门试一下，便能很快找到出路。但当实验者用冷水、电击、强光、强音等强烈刺激同时加之于受试者，使之趋于紧张状态时，好几个被试者呈现慌乱状态，不知道按顺序找出路，四面乱跑，已经试过是被锁住的门，也会重复地去尝试，显然是给弄糊涂了。像这一类因情绪激动而失去理智的现象，在日常生活中是屡见不鲜的。有些学生平时成绩不错，到了考试时，由于过分紧张，成绩反而降低。有些运动员在重大比赛中，也常常因心情紧张而临场发挥不好。过度的精神紧张，还可能引起超限抑制，一个人吓得呆住或气得说不出话来就是这种表现。在盛怒之下引起心脏病猝发而突然死亡的事例，在临床上也时有所见。即使高兴的情绪也需要适度，"乐极生悲"并不是耸人听闻。

持久性的消极情绪　它是指在引起悲、忧、恐、惊、怒、躁等消极情绪的因素消失之后，主体仍沉浸在消极状态中，不能自拔；当人在焦虑、忧愁、悲伤、惊恐、愤怒、痛苦时，会发生一系列生理变化，这是正常现象，当情绪反应终了时，生理方面又将恢复平静。通常此类变化为时短暂，没有什么不良的影响，但若情绪作用的时间延续下去，生理方面的变化也将延长。久而久之，就会通过神经机制和化学机制引起心血管系统、消化系统、泌尿生殖系统、呼吸系统、内分泌系统等各种躯体疾病。有调查结果表明，人在经历一系列紧张事件后，各种疾病都有所增加。

不良情绪的表现

过度的精神紧张，考试时
发挥不好

过度的精神紧张，打招呼时
被吓得呆住了

过度的精神紧张，成绩反而降低了

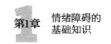
儿童青少年情绪障碍的概念及分类
什么是儿童青少年情绪障碍

儿童青少年情绪障碍是以焦虑、恐惧、抑郁、强迫为主要表现，包括强迫症、癔症在内的一组疾病。下面对几类情绪障碍作简要阐述。

焦虑症 焦虑症是小学生中常见的一种情绪障碍，与先天素质、后天环境有关。不良的环境和不恰当的教育方法，是导致焦虑的重要原因。焦虑症可突然发生，儿童常有恐惧、心慌、气急、振颤，重者瞳孔散大；慢性焦虑者可有多动、学习能力下降、睡眠障碍，食欲减退等。

恐惧症 恐惧症是企图摆脱、逃避某种情境的体验，是由于缺乏处理或摆脱可怕情况的能力造成的。小学生易患学校恐惧症，常发生在品学兼优的好学生、听话的乖孩子身上。发病时常有焦虑，也可有抑郁；惊恐，大发作时脾气大、暴怒；头痛、腹痛、恶心、呕吐；愿一个人待在家里，怕教师、同学。学校恐惧症一般没有躯体疾病。

抑郁症 抑郁症是以情绪抑郁为主要表现的心理疾病。某些遗传素质不良、经历坎坷的小学生易发生抑郁症。一般女生多于男生。抑郁表现可持续很久，甚至达数年以上。情绪抑郁是最主要的症状。常表现有自责自罪、易激惹、敏感、哭闹、违拗；厌倦、孤独、不安，好发脾气；以为自己笨拙、愚蠢、丑陋、没有价值；对周围不感兴趣，退缩、抑制等。患抑郁症的小学生很少主动诉说抑郁情绪。

强迫症 儿童强迫症较为常见，表现反复的、刻板的强迫观念或强迫动作，如过分反复洗手、反复检查自己行为、无意义的计数、排列顺序、反复回忆自己刚做完的事或考虑一些无意义的事情。儿童自知这些思想和动作是不必要的、无意义的，但自己无法克制。儿童抑郁症是发生于儿童时期以持续心境不愉快、情绪低落、悲伤哭泣、兴趣减少、活动减少、迟钝、少语、失眠、食欲减退等为核心症状。少数病例可伴其他不良行为。

以上是对这四类情绪障碍的分类，此处仅简要说明，在后面章节再详细阐述。

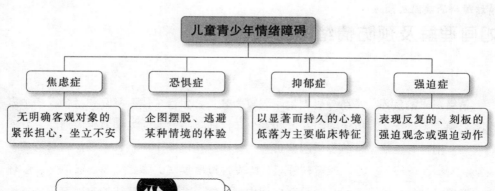

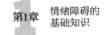
情绪障碍的病因及预防
如何理解及预防情绪障碍

情绪障碍的病因 情绪障碍发生原因较为复杂，包括个体、家庭和社会等多个方面的影响。多见于7岁以上学龄儿童和青少年，随年龄增大而发病率相应增高。发病前大多有精神与生活事件的影响因素可查；发病时呈现多个症状，主要症状有头痛、头晕、胸闷、憋气、气短、叹气样呼吸、阵发性过度换气、胸痛以及四肢麻木、肢体活动障碍等。但体检及各种化验检查指标均为正常，并且上述症状的出现可呈反复性和暗示性。

情绪障碍的预防 对儿童青少年情绪障碍特别强调要以预防为主。首先，要正确看待儿童青少年情绪障碍，不能将其与精神病相联系，应当看到这种障碍是与儿童青少年情绪多变，心理素质不稳定，情感易带有冲动性和易变性有关，因此，每当遇到困难、挫折、批评和外界刺激时容易发生本病。特别是女孩发病较多。其次，家长应特别关注儿童青少年的身心健康发展。过分的溺爱，孩子从小得不到锻炼，形成以自我为中心。一旦愿望得不到满足就感到焦虑或抑郁，容易发生情绪障碍。另外，家庭环境不良，父母经常争吵或离异，使得孩子安全感降低，自尊心受挫，往往是构成发病的易患因素。

因此，家长们不仅要重视孩子身体上的发育和生活上的教育，也要重视孩子精神与心理上的发展，正确引导和教育孩子，爱护但不溺爱，并注重自身形象，身教与言教结合起来，且积极营造一个和谐的家庭气氛，带给孩子一种安全感、温馨感，以促进心理行为的正常发展。此外，学校及老师也要加强学生的心理学教育，讲究教育的艺术性，启迪学生的健康向上、活泼生动的心理行为。教师切忌粗暴责骂或批评学生，避免一切过激言行，对于学生的过错要循循善诱、因势利导，使学校成为孩子增长知识才干和培养健康心理的大家庭。

全社会都来关注儿童青少年的情绪障碍问题，将会减少精神疾病的发病率，提高生命质量，直接或间接减少家庭及社会经济负担。

情绪障碍的病因

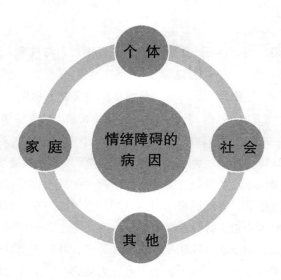

儿童情绪障碍的主要表现
你的孩子有情绪障碍吗

分离性焦虑障碍　多发生于学龄前儿童。主要表现为与其亲人离别时出现过分的焦虑或惊恐不安，担心亲人一去不复返，而要求待在家里，不愿去上学，如送儿童去上学，就诉说头痛、腹痛等，检查又无异体征。焦虑症的首要防治措施是改善不良的环境和教育方式。针对产生焦虑的诱因，设法消除各种不良刺激。培养小学生学会克服困难、建立信心，培养坚强的意志及开朗的性格，对于预防治疗有重要意义。

儿童期恐惧性障碍　是指儿童对日常生活一般的客观事物或处境产生过分的恐惧，而且持续强烈的恐惧情绪反应超过了实际情况所存在的危险程度，虽经安慰解释，仍不能消除恐惧，甚至回避、退缩而影响日常活动。当惊恐时可伴有脸色苍白、心悸、出汗、尿频、瞳孔散大等自主神经症状。另有一类儿童主要表现对学校的恐惧。强烈拒绝上学，长期旷课，对上学表现明显的焦虑和恐惧，并常诉说自己有病，但查不出其疾病所在，而在家可以学习，也无其他不良行为的表现，这种现象称为学校恐惧。见于学龄儿童，女孩较男孩为多见。学校恐惧症的原因，可能由于对学校相关事物的恐惧、学业上的失败、对学习的厌倦或害怕与母亲分离等有关。

社交敏感性障碍　大多见于 5～7 岁儿童，主要表现与周围环境接触时，反复出现过分的敏感、紧张恐惧、胆怯、害羞、退缩，因而不愿到陌生环境，害怕去公共场所或学校。

儿童强迫症　较为常见的表现为反复的、刻板的强迫观念或强迫动作，如过分反复洗手、反复检查自己行为、无意义的计数、排列顺序、反复回忆自己刚做完的事或考虑一些无意义的事情。儿童自知这些思想和动作是不必要的、无意义的，但自己无法克制。

儿童抑郁症　是发生于儿童时期以持续心境不愉快、情绪低落、悲伤哭泣、兴趣减少、活动减少、迟钝、少语、失眠、食欲减退等为核心症状。少数病例可伴其他不良行为。小学生抑郁症的矫治主要采用支持心理疗法，如注意减轻儿童的心理负荷，调整人际关系，必要时可在医生指导下服用抗抑郁药物等。

儿童情绪障碍的主要表现

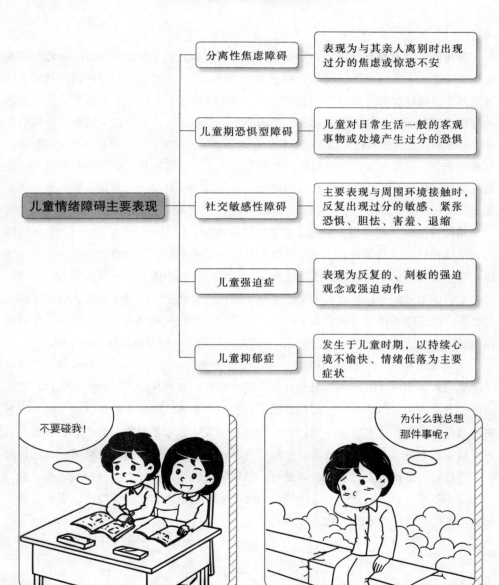

儿童情绪障碍主要表现

- 分离性焦虑障碍 —— 表现为与其亲人离别时出现过分的焦虑或惊恐不安
- 儿童期恐惧型障碍 —— 儿童对日常生活一般的客观事物或处境产生过分的恐惧
- 社交敏感性障碍 —— 主要表现与周围环境接触时，反复出现过分的敏感、紧张恐惧、胆怯、害羞、退缩
- 儿童强迫症 —— 表现为反复的、刻板的强迫观念或强迫动作
- 儿童抑郁症 —— 发生于儿童时期，以持续心境不愉快、情绪低落为主要症状

不要碰我！

为什么我总想那件事呢？

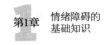
专栏一

心理学家的情绪理论

詹姆斯－兰格情绪学说　19世纪的美国心理学家威廉·詹姆斯 (W. James) 和丹麦生理学家卡尔·兰格 (C. Lange) 分别于1884年和1885年提出了相似的情绪理论。该理论基于情绪状态和生理变化的直接联系，提出情绪是对机体变化的感知，是机体各种器官变化时所引起的感觉的总和。詹姆斯说："我认为，当我们一知觉到使我们激动的对象时，立刻就引起身体上的变化。在这些变化出现时，我们对这些变化的感觉，就是情绪。"兰格认为："任何作用凡能引起广泛的血管神经系统功能的变化的，都会有情绪表现。"詹姆斯－兰格情绪学说强调生理变化对情绪的作用，有一定的历史意义，但它片面夸大了外围性变化对情绪的作用，而忽略了中枢对情绪的主导作用。

情绪评估－兴奋学说　美国心理学家阿诺德 (M. B. Arnold) 在20世纪50年代提出的情绪评估－兴奋学说，强调来自外界环境的影响要经过人的评价与估量才产生情绪，这种评价与估量是在大脑皮层上产生的。例如在森林里看到一只熊会引起恐惧，但在动物园里看到一只关在笼子里的熊却不惧怕，这就是个体对情境的认识和评价在起作用。阿诺德给情绪下的定义是：情绪是趋利避害的一种体验倾向。他认为情绪反应包括机体内部器官和骨骼肌的变化，也认为对外围变化的反馈是情绪的基础。

情绪三因素说　20世纪70年代，美国心理学家沙赫特 (S. Schachter) 提出了情绪三因素说，认为情绪的产生不是单纯地决定于外界刺激和机体内部的生理变化，而应归因于三个因素的综合作用，即刺激因素、生理因素和认知因素。他认为，认知因素中对当前情境的估计和过去经验的回忆在情绪形成中起着重要作用。例如，某人在过去经验中遇到的某种危险的情境，但能平安度过，当他再次经历这种险境时，回忆起过去的经验，便能泰然自若。也就是说，当现实情境与过去建立的经验模式相一致，相信能加以应付，人就没有明显情绪；反之就会产生紧张情绪。这种学说更加强调人的认知过程对情绪的调控作用。

第2章

情绪障碍的
影响因素与治疗方法

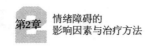
家庭对情绪的影响

不良家庭是情绪障碍滋生的温床

　　家庭是儿童情绪培养的沃土，当幼儿拥有良好的情绪发展环境时，不仅有利于培养积极的情绪，同时也能促进他的认知及人格发展。国内外大量研究表明，不良家庭环境因素容易造成家庭成员的心理行为异常。下面简单介绍影响较大的几个方面。

　　父母离异，子女被遗弃或无家可归　离异的父母对儿童和青少年负性情绪有较大影响。父母离异，子女被遗弃，对儿童来说是一个突发事件，会影响儿童的情绪。父母婚姻破裂，子女缺乏双方的关注和接纳，易表现情感困惑和冷漠。父母对家庭的不负责任使子女情感受挫。单亲家庭对儿童的过度保护、关注和干涉，子女的焦虑、抑郁和强迫情绪也同样显著。无家可归的孩子发病率较高。

　　家庭环境特征和父母教养方式　父母之间，父母和孩子之间亲密程度低，或者父母采取消极的沟通方式，使子女害怕和父母交流，再加上现今社会学业、成长、经济压力等原因导致家庭矛盾多，长期生活在一个充满争吵和怨气的家庭环境中，儿童和青少年易出现焦虑、抑郁的情绪。这种"风险家庭"，还表现在家庭成员之间缺乏支持和鼓励，缺乏约束和道德准则，这些不利因素也可能使子女的情绪受损。

　　父母教养方式对儿童和青少年的心理健康也有重要影响。父母是孩子的第一任教师，他们对儿童的认可非常重要，如果长期对子女拒绝、否认、干涉，会使子女产生无价值感、无能力感、无位置感，由于子女受自尊心的驱使，竭力想得到父母的认可，过分注意自己的言行举止和自身价值，从而导致内心冲突，表现为抑郁、焦虑不安、恐惧、强迫等情绪障碍。另外，父母过分保护也会使子女产生焦虑、抑郁的情绪。

　　父母罹患精神疾病　心理学家认为儿童和青少年情绪障碍的表现与成人的精神疾病相似，异名同病。父母患有精神疾病，子女出现各种情绪问题的风险会明显增高，这不仅从遗传因素上增加了子女患情绪障碍的风险性，而且患病父母异常的个性、情绪和行为方式也会使子女模仿，表现不良的情绪和应对方式。

家庭对情绪的影响

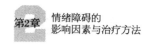

学校环境对情绪障碍的影响

不适当的学校环境使情绪障碍恶性循环

学校是儿童青少年活动的主要场所。当学校是一个积极融洽的环境时，不仅有利于儿童学业的进步，而且有利于儿童积极情绪的培养、健全人格的发展。有情绪障碍的儿童由于自身的特点，多不能与同伴建立和维持良好的人际关系，在学业上也不能很好地去达到老师的要求。可以从以下两方面认识不良学校环境对情绪的影响。

情绪障碍儿童的自身原因　由于情绪障碍儿童的情绪经常处于不稳定状态，很容易被激怒并且情绪脆弱，时而情绪高涨，时而情绪低落；在与同学相处过程中，不能处理好同学之间的关系，经常因为打架斗殴、辱骂同学、违反纪律而受到学校的处分，与同学的关系也会因此而僵硬，开始厌恶集体和学校生活。这些儿童缺乏安全感、归属感，需要更多的老师和同学宽容和谅解，同时自身也需要积极配合治疗，学会控制自己的情绪并合理表达自己的情绪，在与同学相处时学着用积极耐心的方式，情绪好的时候要学会表达自己的感受，情绪不好的时候要找到合适的方式去排解，比如向老师或者家人求助。

老师和同学的偏见　老师和同学构成了儿童在学校时的小集体，不适当的学校教育往往会造成情绪障碍儿童不良的因果循环。在学校教育环境中，教师的偏见和同学的疏远或捉弄、嘲笑最能助长这类儿童的消极情绪和行为的发展。情绪障碍儿童往往因为情绪问题不能很好地完成作业、学业成绩差，老师的严格要求往往使其产生自卑心理甚至自暴自弃。此外，学习课程内容不适合学生的能力与兴趣，可能导致学生在学业上的挫折感和失败感；如果老师的教学方式不适当，则会使学生失去对学习的兴趣和信心；同时学习压力或考试与竞争的压力过大，都容易导致情绪障碍儿童的过度焦虑。

综上所述，不良的学校环境会使情绪障碍儿童的情绪和行为处于恶性的因果循环中，创造良好的学校环境需要老师同学以及自身的努力。对有情绪障碍的儿童多一份关爱、包容，给孩子一个愿意去接触、喜欢去适应的环境，相信有情绪障碍的儿童会像正常儿童一样学习和生活。

不良学校环境对情绪障碍的影响

```
┌─────────────────────────────────┐
│   不良学校环境对情绪障碍的影响   │
└─────────────────────────────────┘
         │
    ┌────┴────────────────┐
    │                     │
┌─────────────┐    ┌─────────────┐
│情绪障碍儿童的│    │老师和同学的偏见│
│  自身原因    │    └─────────────┘
└─────────────┘
    │                     │
┌──────────────────┐  ┌──────────────────┐
│情绪障碍儿童的情绪经│  │教师的偏见和同学的疏远或│
│常处于不稳定状态，很│  │捉弄、嘲笑最能助长这类儿│
│容易被激怒并且情绪脆│  │童的消极情绪和行为的发展│
│弱                  │  │                    │
└──────────────────┘  └──────────────────┘
```

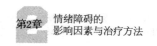
个性心理对情绪的影响
个性对情绪有影响吗

　　人格因素亦可称个性因素。个性因素包括性格、气质、能力和个性倾向性等因素。个性因素是心理活动因素的核心，它对一个人的心理健康影响最大。研究表明，特殊人格特征往往是导致相应精神疾病，特别是神经官能症的发病基础。

　　个性心理因素与儿童和青少年情绪障碍相关联。发展理论认为，儿童和青少年个性发展存在不稳定性，易受到各种因素的影响而表现出波动性情绪。儿童和青少年情绪的稳定性和积极性受到损伤，则表现出情绪问题，如恐惧、焦虑、担忧、抑郁和强迫等。在各种诱因作用下，一些儿童和青少年容易出现情绪症状，发现病前多有某种易感素质，即负性情绪与某种人格特质相关联。例如焦虑、抑郁与神经质有关，热心和正面情绪与外倾有关，而不同的个体由于存在个性的差异，其情绪反应和变化也存在不同的差异。儿童和青少年情绪障碍多有个性脆弱，过分依赖、自责、被动、胆小等易感素质。

　　研究指出，神经症患者不同的个性特征决定其罹患某种神经症亚型的倾向性，如焦虑障碍患者病前多表现有焦虑、担心、易怒等人格特征，完美主义人格倾向的人易患抑郁症和强迫症，他们往往追求完美，过度投入工作和学习，过度排除享乐，犹豫不决，过度关注规则、细节和步骤。

　　儿童和青少年的个性心理受到影响而发生偏移，情绪障碍和行为问题也很突出。儿童和青少年品行障碍和情绪障碍相关研究表明，品行障碍儿童和青少年其情绪问题的发生率较高。一些研究发现，在儿童期有品行障碍的青少年表现情感水准低，情绪不稳定，抑郁、焦虑症状明显。边缘型和反社会型人格障碍与情绪障碍的相关程度较高，具有此类型人格的个体，存在情绪的过度反应，情绪平稳程度慢，情绪强度高，对刺激的反应迅速等特点，而且大多数品行障碍和反社会型人格的女性，在青少年早期就存在抑郁或焦虑障碍。

个性心理对情绪的影响

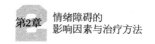
认知倾向对情绪的影响
认知倾向是如何影响情绪的

认知是指人认识客观事物，反映客观事物的特性与联系，并揭露客观事物对人的意义和作用的心理活动。认知过程就是信息的获得、存储、转换、提取和使用的过程。人类个体的认知因素涉及的范围极广，主要有感知、注意、记忆、想象、思维、言语等。每一个体都具有各种认知因素。这些认知因素自身的发展和各认知因素之间的关系可能是协调的，也可能是不协调的。一旦某一认知因素发展不正常或某几种认知因素之间的关系失调，就会产生认知矛盾和冲突。这种矛盾和冲突，会使人感到紧张、烦躁和焦虑，于是想极力减轻或消除。

认知因素之间的失调程度越严重，则人们期望减轻或消除失调，维持平衡的动机也就越强烈。如果这种需要和动机长时间得不到满足，不能实现，则可能产生心理偏差或心理障碍。认知的严重失调，还会损坏人格的完整性和协调性，甚至导致人格变态。情绪和认知虽然都是独立的心理过程，有自己的发生机制和变化规律，但是二者有着密切的联系。情绪对认知活动具有组织的作用，包括对活动的瓦解或促进。一般来说，正性情绪像愉快、兴趣等，对认知活动起协调、促进的作用，负性情绪像担忧、沮丧等，则起破坏、瓦解或阻断的作用。

认知倾向对儿童和青少年情绪障碍存在影响。外在事件或父母行为并不直接影响儿童和青少年的情绪状态，而是首先影响了他们的认知倾向，才导致负性情绪的产生。儿童和青少年在成长过程中对自我及外界环境的认识和评价逐渐形成，但仍处于粗浅、表面的层面上，对外界环境的信息加工处理一旦出现失误和偏差，产生负性自动思维，形成消极的归因方式，自我评价降低，就容易产生抑郁、焦虑等负性情绪。

负性的认知与情感痛苦经验相关联，焦虑程度高的个体存在认知偏差和消极痛苦的经验。高度躯体焦虑的个体被发现趋于回避积极的经历。按照焦虑的认知理论，可以解释焦虑的认知偏差，即焦虑障碍的儿童和青少年，往往对不确定的情景存在认知机能障碍或偏差，他们过高估计了危险，低估了他们应对危险的能力和解决问题的能力。

认知对情绪的影响

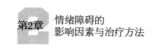

家庭、学校、认知倾向和个性心理因素共同作用

四种因素对情绪障碍的综合影响

儿童青少年情绪障碍是家庭、学校、认知倾向和个性心理等多因素共同作用的结果。

儿童和青少年的认知倾向和个性在家庭和学校系统中逐渐形成和塑造起来，不良的家庭和学校环境必然影响他们的认知方式和个性发展，从而影响其情绪状态。

家庭成员间亲密程度低，情感交流少，矛盾冲突多，经常发生争吵，父母打骂子女等现象，都会使儿童和青少年的个性健康发展受到影响。经常处于应激的家庭环境中的儿童，个性多表现为自我抑制、自责、内向、被动、胆小和易发怒等特征，这种个性特征成为消极情绪的易感素质，在外因的影响下可能会产生焦虑、抑郁和强迫情绪。同样，不良的家庭环境和父母教养方式与儿童和青少年消极的认知倾向相关。儿童和青少年消极认知方式的起源是通过对父母的模仿得来的，特别是失败后经常遭到父母的指责和批评而逐步形成的。当孩子总是被父母拒绝和否认，缺乏关注时，很容易认为是自己在"犯错"，自己的看法和要求总是"不合理"，就无法形成正性的判断和认知，而出现消极的归因和认知倾向，易产生焦虑和抑郁情绪。

积极融洽的学校集体环境，会使有情绪障碍的儿童更愿意去合理控制自己的不良情绪，更愿意与老师、同学建立和谐的人际关系。相反，如果在学校里，情绪障碍儿童更多感受到的是老师的偏见和不理解，同学的讥嘲和冷落，对儿童的积极个性心理的形成是十分不利的，这样的环境下，情绪障碍儿童会变得更加孤僻、抑郁，不爱与人交流。同样，不良的学校环境对儿童的认知倾向也有很大影响，情绪障碍儿童多表现为负性归因和认知方式，在与老师和同学相处不和谐或者得不到理解时，情绪障碍儿童更多的会把原因归为自己身上，这样就更加重儿童的消极孤僻情绪。

综上所述，儿童情绪障碍产生的心理社会因素是多元化的。除以上四种因素外，还存在其他社会心理因素的影响。但对儿童这一特定年龄段而言，家庭、学校、认知倾向和个性心理因素是常见和重要的影响因素，它们之间也存在相互影响、相互作用。对儿童情绪障碍家庭、学校、认知倾向和个性心理因素的科学认识将为我们的心理干预提供依据。

四种因素对情绪障碍的综合影响

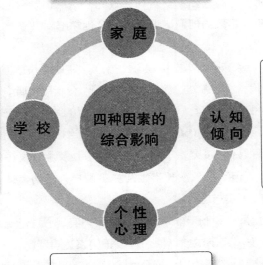

家庭成员间亲密程度低，情感交流少，矛盾冲突多，经常发生争吵，父母打骂子女等都对儿童的情绪产生不良影响

家 庭

不良的家庭环境和父母的教养方式会使儿童产生消极的认识倾向，如自我抑制、自责、胆小、易发怒等

认 知
倾 向

有情绪障碍的儿童在学校里与老师和同学相处不和谐或得不到理解时，会加重障碍儿童消极孤僻情绪

学 校

四种因素的
综合影响

个 性
心 理

个性心理的培养离不开良好的家庭环境氛围，积极融洽的学校集体环境有助于有情绪障碍的儿童合理控制自己的不良情绪

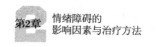
情绪障碍的治疗方法

儿童情绪障碍治疗有方

童年期的情绪障碍主要由社会心理因素所致，与儿童发育和境遇有一定关系，如遇有某些应激因素，或因家庭环境不良、教育不当等导致的焦虑、紧张、强迫、恐惧或害羞等一类情绪障碍。因此，各类型儿童青少年情绪障碍是可以治愈的。应尽早针对不同的症状和诱因，采取不同的治疗方法，对症采取综合治疗措施，效果会更快、更好。

心理疏导 主要采用支持性心理治疗，耐心倾听他们的诉说，同情他们的痛苦体验，消除顾虑，以帮助他们控制感到不安全和失败的心情；也要帮助消除各种不利因素，对有焦虑倾向的父母，要帮助他们认识本身的个性缺陷对儿童产生的不良影响。主要包括以下三种治疗方法。

（1）认知疗法：经1～2次支持性心理治疗，在取得儿童充分信任的基础上，以通俗易懂的言语和例子，将患病的"症结"与"机理"分析给他听，使其有所领悟。同时，在认知疗法的基础上配合行为疗法，往往能取得较好的效果。

（2）松弛疗法及生物反馈治疗：这是现代行为治疗的方法之一，在年长的孩子中可选择运用，能取得很好的效果。年幼的孩子对松弛及生物反馈疗法的理解及自我调节有困难，不易进行。但可建议家长带领儿童多做户外活动，适当的体育锻炼及游戏活动，对疾病的恢复无疑是有益的。

（3）游戏疗法：是一种利用非语言媒介手段来实现心理健康教育的心理学治疗技术。年幼的孩子语言发展还不成熟，他们难以正确表达自我的情感，因此在对12岁以下的儿童进行心理治疗时，不能以语言作为心理治疗的主要手段，而用游戏疗法可收到良好的效果。

家庭治疗 儿童出现心理问题，首先要从父母身上找"症结"，要想治疗好儿童，必须先要调适父母自身及家庭其他成员性格缺陷及家庭结构，调节人际关系存在的问题。然后以改变家庭成员的不良教育方式为主，尽量给予儿童更多的感情上的交流和支持。

药物治疗 药物是治疗儿童情绪障碍的有效方法之一，但是，儿童青少年情绪障碍的治疗不能只有药物，药物是完整治疗中的一部分。使用药物前应有完整的生理心理评估，并由合格的儿童精神科医师开处方。

情绪障碍儿童的治疗方法

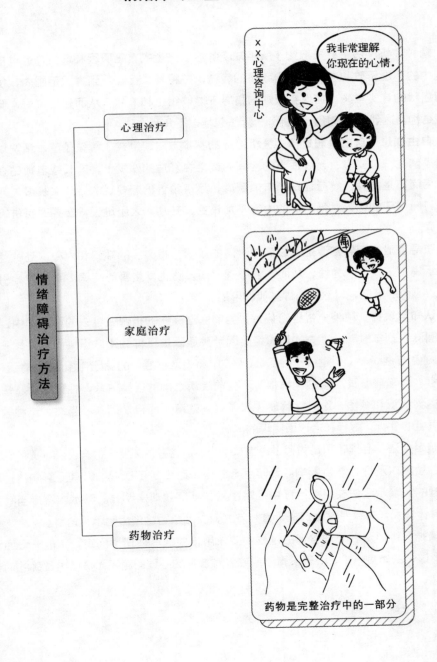

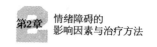
情绪障碍的经典疗法（一）
精神分析疗法

精神分析疗法主要是把孩子所不知晓的症状产生的真正原因和意义，通过挖掘潜意识中的心理矛盾和冲突，找到致病的症结，并将其"召回"到意识范围内，使孩子了解症状的真实意义，在现实原则的指导下得以纠正和消除，从而建立良好、健康的心理结构，达到心理健康。精神分析疗法包括以下几种方法。

自由联想　自由联想是精神分析治疗的基本方法，是在了解孩子基本情况以后，让孩子躺在一个安静、光线适当的房间内或坐在舒适的沙发上，家长或老师站在或坐在其后而不是前面，然后让孩子打消顾虑，尽情倾诉他想要说的话。家长或老师不要随意打断孩子的话，对他所讲的内容不加评论，鼓励其大胆地说，必要时可进行适当的引导。

疏导宣泄　疏导宣泄是通过痛快淋漓的倾诉，将心头的郁闷和内心深处的隐私痛快地诉说出来，一吐为快，从而恢复心理平衡，防止发生身心疾病。要有效地引导孩子倾诉心中的苦闷，以达到心理宣泄的目的。

认知与领悟　精神分析理论认为，当前心理疾病的根源在过去的经历之中，甚至可以回溯到幼年时期。过去的焦虑经验因种种原因被压抑到潜意识层面而使孩子"遗忘"。通过精神分析，引起孩子的回忆、联想，将潜意识层中的病因"召回"到意识领域，使之意识到这些心灵深处的"病根"与当前疾病之间的因果关系，在理智上、情感上真正达到认识和领悟，这时症状便失去了存在的意义而自然消失。当然，这种领悟是通过医生的分析、解释和治疗而实现的。

暗示疗法　心理暗示是指通过语言或动作，以含蓄的方式，对自己和他人的认识、情感、意志以及行为产生影响。受暗示者的心态改变是下意识的，其受影响的过程是不自觉的。暗示疗法在癔症治疗中经常使用，其疗效非常明显。暗示内容应当针对孩子的具体情况，有针对性地选择语言和方式，灵活机智地使用暗示性语言。

精神分析疗法在心理咨询的过程中要慎用，要视具体情形而定，不能一概而论。因为小孩子的年龄尚小，心理发育不成熟，对自身的心理问题还无法做出正确的估计。

精神分析疗法的关键要素

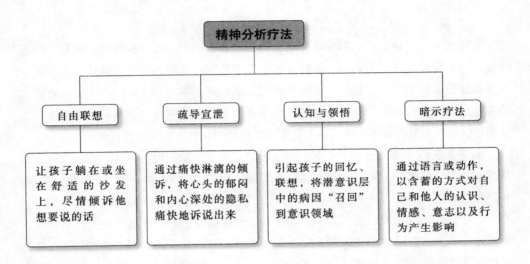

精神分析疗法

自由联想	疏导宣泄	认知与领悟	暗示疗法
让孩子躺在或坐在舒适的沙发上，尽情倾诉他想要说的话	通过痛快淋漓的倾诉，将心头的郁闷和内心深处的隐私痛快地诉说出来	引起孩子的回忆、联想，将潜意识层中的病因"召回"到意识领域	通过语言或动作，以含蓄的方式对自己和他人的认识、情感、意志以及行为产生影响

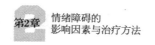
情绪障碍的经典疗法（二）
人本主义疗法

　　人本主义疗法是建立在哲学基础之上，通过为求助者创造无条件支持与鼓励的氛围使来访者能够深化自我认识、发现自我潜能并且回归本我，来访者通过改善自我意识来改变自我的适应不良行为，矫正自身的心理问题。以人为中心的人本主义疗法主要有两种形式：一是来访者中心治疗，一般用于有心理冲突或心理疾病的来访者；二是通过交朋友小组进行团体治疗，主要解决交往障碍和社会生活中存在的心理问题。

　　来访者中心疗法　　指在人本主义治疗思想指导下的个别谈话治疗。在治疗过程中贯彻非指导性原则，讨论问题的思路由来访者主导，治疗过程中的中心人物是来访者而不是咨询者。非指导性的来访者中心疗法的基本假设是：人的自身内部有理解自己并改造自我概念和指导自己行为的广阔能源；只要提供适宜的环境气氛，这些能源就能开发出来。这种适宜的气氛主要有三条：真诚、无条件关怀和移情的理解。在咨询过程中要求咨询者努力创造这种适宜的环境气氛，使来访者体会到自己在咨询过程中的主体地位，积极主动地讲述自己的心理问题，并在咨询者的引导下寻求解决问题的方法。

　　交朋友小组　　其成员由背景或问题相似的人组成，如不善于与人交往、有一定社交恐惧心理的人，或不习惯与异性相处和交往的人等。参加人数在十人左右。参加者虽然有一定心理障碍，但病情不太严重，他可以坐下来参加小组的谈话，不会因为有妄想或奇异行为而影响集体行动。交朋友小组一般由咨询人员担任主持人。主持人的作用在于促进组内成员之间的建设性关系，建立融洽而无拘束的气氛，使参加小组活动的人逐渐消除防范心理，达到能相互吐露真情，建立较深的感情关系。通过交朋友小组的活动，消除心理障碍，增进心理健康。

　　人本主义疗法强调来访者的主观能动性，对人采取积极乐观的看法，注重个人的内在价值和主观体验，强调咨询关系的重要性，强调以咨询者的态度为中心。这些观点都强烈冲击着心理咨询的理论和方法，有一定的积极价值，但不适合处理危机中需给予某些指导性策略的来访者，不适合无法通过口语表达的来访者。

人本主义疗法的关键要素

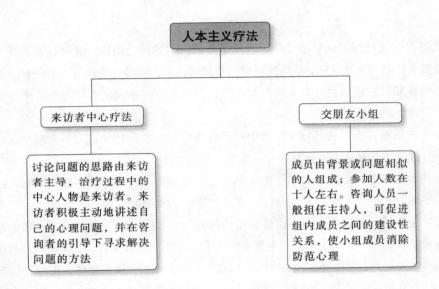

人本主义疗法

来访者中心疗法

讨论问题的思路由来访者主导，治疗过程中的中心人物是来访者。来访者积极主动地讲述自己的心理问题，并在咨询者的引导下寻求解决问题的方法

交朋友小组

成员由背景或问题相似的人组成；参加人数在十人左右。咨询人员一般担任主持人，可促进组内成员之间的建设性关系，使小组成员消除防范心理

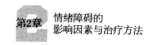
情绪障碍的经典疗法（三）

认知疗法

　　认知疗法是根据人认知过程会影响其情绪和行为的理论假设，通过认知和行为技术来改变来访者的不良认知，从而减轻或消除其情绪问题和非适应性行为的一种方法。它注重于认知，企图通过改变来访者对自己、对他人或对事物的看法与态度来改变所表现的心理问题。

　　认知疗法有许多具体的技术，其中运用较多的如三栏目技术、与不合理信念辩论技术、合理情绪想象技术、自我指导训练等。

　　与不合理信念辩论技术的核心是帮助学生向其不合理信念提出挑战和质疑，使其做出"不是""没有"等否定性回答，通过一步步的挑战和质疑，最终使学生的不合理信念发生动摇。在运用与不合理信念辩论技术时，首先要找到学生的不合理信念，可先从 ABC 模式入手，即先以某一典型事件入手，找出诱发性事件 A；询问对方对这一事件的感觉和对 A 的反应，找出 C；询问对方为什么会体验到不良情绪，即由不适当的情绪及行为反应找出其潜在的看法、信念等；分析学生对事件 A 持有的信念哪些合理、哪些不合理，将不合理信念作为 B 列出来。对于某一事件，学生可能有多种多样的解释、判断和推论，在这些想法背后，会隐藏着学生某些根本性的不合理信念，这些信念常以对自己、他人和周围世界的绝对化要求为特征，这才是我们要找到的 B。其次，通过辩论，以积极提问的方式促使学生主动思维。

　　合理情绪想象技术是 20 世纪 70 年代初期由莫兹比发展起来的。有时在寻找不合理信念时，学生为情绪所困扰，事后描述一些不愉快经历往往只反复强调当时的气愤之情，无法准确说出当时的思想状况。因此，帮助学生想象当时的情景，重新进入那种不良的情绪体验之中，进一步探求学生当时的想法，就有可能找出不合理信念。同时也能使学生真切感受到信念与情绪反应之间的关系，从而认识到改变不合理信念的重要性。

认知疗法的关键要素

认知疗法

与不合理信念辩论技术

帮助青少年向其不合理信念提出挑战和质疑，最终使青少年的不合理信念发生动摇

合理情绪想象技术

帮助青少年想象当时的情景，重新进入那种不良的情绪体验之中，探求青少年当时的想法，找出不合理信念

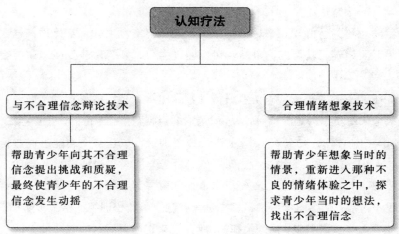

前因　　　　信念　　　　后果

结论：事物的本身并不影响人，人们只受对事物看法的影响

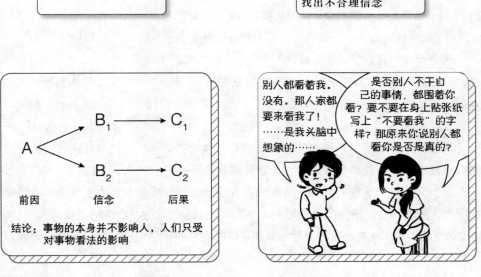

别人都看着我，没有。那人家都要来看我了！……是我头脑中想象的……

是否别人不干自己的事情，都围着你看？要不要在身上贴张纸写上"不要看我"的字样？那原来你说别人都看你，是否是真的？

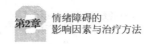
情绪障碍的经典疗法（四）

行为疗法

行为疗法也称为行为矫正法，其基本认识是：异常行为和正常行为一样，是通过学习、训练后天培养而获得的，自然也可以通过学习和训练来改变或消失。经典的方法有以下几种。

系统脱敏法 主要是诱导来访者缓慢地暴露出导致神经症焦虑的情境，并通过心理的放松状态来对抗这种焦虑情绪，从而达到消除神经症的目的。一般包括三个步骤：（1）排列出焦虑的等级层次表。（2）进行放松训练，以全身肌肉能迅速进入松弛状态为合格。（3）进入系统脱敏过程，进行焦虑反应与肌肉放松技术的结合训练。

放松疗法 其基本原理是，放松状态下大脑皮层的唤醒水平下降，兴奋性降低，全身肌肉放松，紧张情绪得到缓解，以增进身心健康。放松训练的基本步骤如下：

（1）选择一个安静整洁、光线柔和的房间，让来访者舒服地躺在沙发上，闭上眼睛。

（2）体验紧张、放松的感觉，然后逐步进行主要肌肉的紧张和放松练习。

满灌疗法 开始就让来访者进入自己最恐惧或焦虑的情境之中，给他一个强烈的冲击，同时不允许其采取逃避行为。其基本原理是，快速、充分地向来访者呈现他害怕的刺激，实际体验后他感到并不是那么害怕，恐惧感就会慢慢消除。刺激的出现要坚持到来访者对此刺激习以为常为止。满灌疗法适合于对有焦虑和恐惧倾向的来访者使用。

厌恶疗法 将某些不愉快的刺激通过直接作用或间接想象，与来访者需改变的行为症状联系起来，使其最终因感到厌恶而放弃这种行为。其基本原理是，将来访者的不良行为与某些不愉快的、令人厌恶的刺激相结合，形成一个新的条件反射，用来对抗原有的不良行为。常用的厌恶性刺激有物理刺激（如电击、橡皮圈弹痛等）、化学刺激（如呕吐剂等）和想象中的厌恶性刺激（如口述某些厌恶情境，然后与想象中的刺激联系在一起）。

代币法 是一种通过奖励（即强化）而形成某种期望出现的适应性行为的方法，即当来访者一出现某种预期的良好表现时，立即给予奖励，使该行为得以强化。咨询者用代币作为奖励，强化来访者的期待行为，然后来访者可以用获得的代币换取自己喜欢的东西。要注意将代币与来访者感兴趣并想得到的东西联系起来，并建立一定的代币兑换规则。

行为疗法的分类

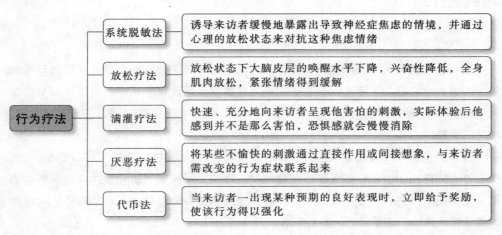

行为疗法	系统脱敏法	诱导来访者缓慢地暴露出导致神经症焦虑的情境，并通过心理的放松状态来对抗这种焦虑情绪
	放松疗法	放松状态下大脑皮层的唤醒水平下降，兴奋性降低，全身肌肉放松，紧张情绪得到缓解
	满灌疗法	快速、充分地向来访者呈现他害怕的刺激，实际体验后他感到并不是那么害怕，恐惧感就会慢慢消除
	厌恶疗法	将某些不愉快的刺激通过直接作用或间接想象，与来访者需改变的行为症状联系起来
	代币法	当来访者一出现某种预期的良好表现时，立即给予奖励，使该行为得以强化

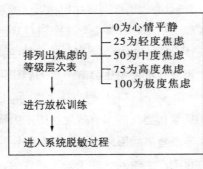

系统脱敏法

厌恶疗法

代币法

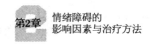

情绪障碍的经典疗法（五）

药物治疗

药物治疗是儿童情绪障碍的重要治疗方法，对于确实存在明显症状，经过环境调整、心理治疗、行为治疗无明显改善的患儿，建议使用比较系统的药物治疗以尽快有效地控制和缓解患儿的症状。儿童情绪障碍治疗的种类和成人基本相同，主要是抗焦虑、抗抑郁类药物。

轻度的情绪障碍儿童治疗主要以精神分析疗法、人本主义疗法、认知疗法、行为疗法等心理疗法为主，在初级卫生保健机构、学校、社区服务机构中由经过训练的心理卫生专业人员进行矫治；教师和家长应对轻度情绪障碍儿童进行心理疏导，多表达关怀、给予同情、善于倾听、耐心解惑。

中、重度情绪障碍儿童的药物治疗十分必要，心理治疗则要在药物治疗的基础上，采取更加有针对性的个体认知行为疗法、人际关系治疗和家庭治疗来进行矫治。近年来使用抗焦虑抑郁药物疗效确切，如抗焦虑药物对减轻焦虑、紧张、恐惧等症状有良好效果，还有较好地镇静、调节睡眠的作用。但是长期使用也会有一定的副作用，应该在临床医生的指导下慎重进行。

目前的证据显示，某些类型的药物如果用量得当，能够有效地在短期内缓解某些患者的焦虑或抑郁。但是，从长期来看，除非患者继续服用，否则很多药物都无法产生长远效果。即使是长期服用药物，药物也可能产生耐药性而失去一些作用，因此，让情绪障碍儿童在服药的同时学习新的、更有效的处理情绪的方法是很重要的。药物治疗联合认知－行为治疗，在儿童青少年情绪障碍治疗方面是取得总体临床改善方面的有效手段。

关于停止服药的时间，一定要在医生的指导下才能停药，只有医生能决定患者安全减少药量的速度，直到完全不用服药。在成功停药之前学会管理情绪是很重要的，对于一些患者来说，停止服药可能会导致身体症状增多，这是正常现象，表明此时身体处于适应期，具体情况需咨询医生。

轻度情绪障碍治疗与中重度情绪障碍治疗

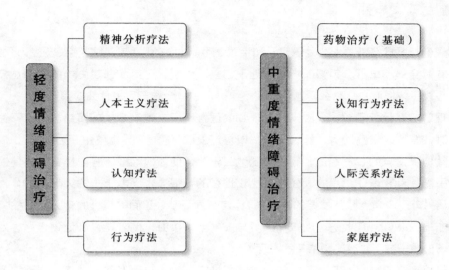

轻度情绪障碍治疗
- 精神分析疗法
- 人本主义疗法
- 认知疗法
- 行为疗法

中重度情绪障碍治疗
- 药物治疗（基础）
- 认知行为疗法
- 人际关系疗法
- 家庭疗法

药物治疗的注意事项

· 情绪障碍儿童的治疗不能只依靠药物
· 用药前需要专业的医生进行必要的生理心理评估
· 应严格遵照医嘱用药
· 调整药物服用剂量或停止服用药物，均需在医生指导下进行

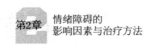

第2章　情绪障碍的
影响因素与治疗方法

不良情绪的控制
适当控制你的情绪

人们都愿意经常并永久处于欢乐和幸福之中。然而，生活是错综复杂、千变万化的，甚至有时会祸不单行。频繁而持久地处于扫兴、生气、苦闷和悲哀之中的人必然会有健康问题、减损寿命。那么，遇到心情不快时，应教会孩子采取什么对策呢？

理智　在挫折面前，人应当以对事物的理性认识来控制个人的情绪。当忍不住要动怒时，要冷静审察情势，检讨反省，以决定发怒是否合理，发怒的后果如何，以及有无其他更适当的解决办法，经过如此"三思"，便能消除或减轻心理紧张，使情绪渐趋平复。具有辩证观点的人往往是比较理智的，很多表面看上去令人悲伤的事件，如果从另外一个角度或从发展的眼光去看，常可发现某些正面的积极的意义。塞翁失马，安知非福。坏事、好事是可以转化的。与人发生争执时，倘若能设身处地地站在对方的立场上想一想，也就可以心平气和了。

转移　当扫兴、生气、苦闷和悲哀的事情临头时，可暂时回避一下，努力把不快的思路转移到高兴的思路上去。例如，在余怒未消时，可以用看电影、听音乐、下棋、打球、散步等正当而有意义的活动，使紧张情绪松弛下来。有的人生起气来拼命干活，这既是一种转移，也是一种宣泄，不失为一种行之有效的制怒方法。但此时需提醒他注意安全，因为在被激怒的情况下，动作往往不够准确协调。

宣泄　情绪的宣泄有直接和间接两种方式。直接的宣泄就是直接针对引发情绪的刺激来表达情绪。当直接发泄对于别人或自己不利时，则可用间接发泄使情绪得到出路。心中有不平之事，可以向周围亲友倾诉，并接受他人的批评，通过自己感情的充分表露与从外界得到的反馈，增加自我认识而改变不适当的行为。另外，从医学角度上讲，人在情感激动时流出的泪会产生高浓度的蛋白质，是释放积聚能量用于排出体内毒素、调整机体平衡的一种方式，它可以减轻乃至消除人的压抑情绪，是释放不良情绪的好方法。

多舍少求。老是抱怨自己吃亏的人，很难愉快起来。多奉献少索取的人，总是心胸坦荡，笑口常开。不整天与别人计较是非得失，平衡自己心态，自然有好的心情。

控制情绪的对策

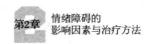

家长培养孩子的注意事项
为家长"支支招"

培养孩子的抗挫折能力 培养承受苦难和不屈服于挫折的能力,对今天的孩子尤为重要。家长要学会不是设法减少孩子可能遇到的挫折情境,而是帮助孩子以正确的方式和心态去对待困难和挫折。良好的抗挫折能力,受到挫折后的恢复能力和百折不挠、不向挫折屈服的精神,是成功人才不可缺少的素质。

帮助孩子学会接纳自我 任何人自身都存在着或多或少,或大或小的缺点,这是很正常的现象,也是人要不断学习、不断提高自我素质的内在需要。容忍自己的不足和缺点,并不意味着对自己的不足和缺点视而不见,听之任之,而是在承认自己存在不足和缺点的前提下,采取积极的行动来弥补自己的不足、克服自己的缺点。因此,作为家长,不能只给孩子挑刺,而是给孩子一个认识自己的角度,通过这个角度既能看到闪光点也能看到不足之处。

学会人际交往 首先,应该让孩子认识到在人际交往过程中彼此的权利和责任,要平等对待对方,像尊重自己一样尊重他人。其次,要乐于与他人交往,能够与同伴合作,能够与教师和家长沟通、交换意见。同时,在人际交往中不能只考虑自己的需要,还要懂得体谅他人。再次,要让孩子有正确的沟通技巧和有效的交往态度,能够宽以待人,真诚地赞美他人,也能够接受善意的批评。最后,要让孩子在人际交往中保持人格的独立和完整。在与他人交往的时候,能够适当迁就别人在人际交往中是必要的,但是这种迁就是有限度的,随和并不意味着放弃原则,更不等于失去自己完整的人格。

帮孩子制定切实可行的学习目标和计划 在制订学习目标和学习计划的时候,一定要让孩子充分地发表自己的意见,而不要搞一言堂,全由教师或者家长说了算。这样不但起不到提高孩子学习成绩的效果,还会使孩子对学习失去兴趣。

总之,为使孩子身心健康地全面发展,就必须从实际出发,有针对性地普及心理健康知识,加强心理健康教育,解决实际问题,从而有效地提高孩子心理健康水平。

家长如何培养孩子的健康心理

青少年放松情绪 20 法
如何放松情绪

青少年儿童在出现不良情绪时，可以从这 20 法入手，来帮助其缓解不良情绪。

1．拥有一两个知心朋友。有委屈不妨向他们诉说一番。

2．正视现实，因为回避问题只会加重心理负担，最后使得情绪更为紧张。

3．不必事事、时时进行自我责备。犯错误后可别过度内疚。

4．常对自己提醒：该放松放松了。

5．对一些琐细小事不妨任其自然。

6．不要怠慢至爱亲朋。常常拥抱他们。

7．学会"理智"地待人接物。宽容他人的缺点。

8．把挫折或失败当作人生经历中不可避免的有机组成部分。

9．实施某一计划之前，最好事先就预想到可能会出现坏的结果。

10．在已经十分忙碌的情况下，就不要再为那些分外事操心。

11．常常欣赏喜剧，更应该学会说笑话。

12．每晚都应洗个温水澡。

13．欣赏最爱听的音乐。

14．去公园或花园走走。结伴郊游。

15．邀请性格开朗、幽默的伙伴一聚。

16．作 5 分钟的遐想。

17．参加一项感兴趣的体育运动。

18．家养一种宠物。

19．品味美食，但忌高脂肪食品。

20．常常做深呼吸。

上述方法只是在一定情况下可以缓解青少年不良情绪，具体缓解程度需要因人而异。

放松情绪的方法

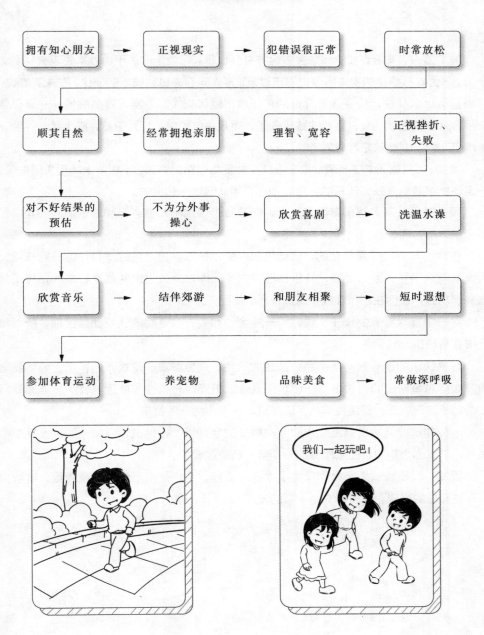

```
拥有知心朋友 → 正视现实 → 犯错误很正常 → 时常放松
                                              ↓
顺其自然 → 经常拥抱亲朋 → 理智、宽容 → 正视挫折、失败
  ↓
对不好结果的预估 → 不为分外事操心 → 欣赏喜剧 → 洗温水澡
                                              ↓
欣赏音乐 → 结伴郊游 → 和朋友相聚 → 短时遐想
  ↓
参加体育运动 → 养宠物 → 品味美食 → 常做深呼吸
```

我们一起玩吧！

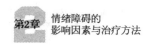
专栏二

调节情绪的小故事

有个富人，背着许多金银珠宝去远方寻找快乐，可是走遍了千山万水也没有找到。一天，一位衣衫褴褛的农夫唱着山歌走过来。富人向农夫讨教快乐的秘诀，农夫笑着说："哪里有什么秘诀，只要你把背负的东西放下就可以了。"富人蓦然醒悟——自己背着那么沉重的金银珠宝，腰都快被压弯了，而且住店怕偷，行路怕抢，成天忧心忡忡，惊魂不定，怎么能快乐起来呢？

寓意：如果富人放下行囊，把金银珠宝分发给过路的穷人，不仅背上的重负没有了，一定还能够看到一张张快乐的笑脸，他也会因此而快乐起来的。

很多时候，不是快乐离我们太远，而是我们根本不知道自己和快乐之间的距离；不快乐太难，而是我们活得还不够简单。

在你少年时，行囊是空的，因此轻松，所以快乐。但之后的岁月，你一路拣拾，行囊渐渐装满了，因为沉重，快乐也就消失了。你以为装进去的都是好东西，可正是这些好东西，让你在斤斤计较中无法快乐。

对一个喜欢零食的孩子来说，买一座金山和买一包话梅的钱没什么区别，所以孩子很容易快乐。

容易快乐的还有那些从不胡思乱想的动物。只要解决了吃饭问题，瑞士奶牛就会闲卧在阿尔卑斯山的斜坡上，一边享受温暖的阳光，一边慢条斯理地反刍。非洲草原上的狮子吃饱以后，即使羚羊从身边经过，也懒得抬一下眼皮。

一位作家非常赞赏瑞士奶牛和非洲狮子的生存哲学，他说，假如你的饭量是三个面包，那么你为第四个面包所做的一切努力都是愚蠢的。

因此，你不快乐是因为你背负了太多的负担，这也是由于你的欲望所致，试着放下一些超重的欲望，你就会有一个新的发现。

第3章

解析焦虑症

儿童焦虑症的概念及症状表现

过分的恐惧与不安其实是焦虑

　　焦虑症是在儿童时期无明显诱因下发生的发作性紧张、莫名恐惧与不安，常伴有自主神经系统功能的异常，是一种较常见的情绪障碍，常与恐惧、强迫等症状同时出现。这种恐惧无具体的指向性，但总感到有不祥的事要发生，有如大祸临头一般，惶惶不可终日。家庭生活不稳定的儿童更为焦虑，常表现出攻击性和反社会性倾向。

　　焦虑有三种表现形式。一是主观的焦虑体验，二是外显的不安行为，如多动、不安等，三是生理反应。不同的儿童在这三方面的表现程度不同或以其中一种为主要的临床表现形式。

　　焦虑儿童总的临床表现是不安、易烦躁、不愉快的"麻烦的孩子"、"难照看难抚养的孩子"。由于儿童语言发育尚未完善，常难以很好地表达他们的不安或惶恐。年幼的儿童表现为爱哭闹，不易安抚。年龄稍大的儿童表现为经常因小事而抱怨父母，抱怨周围环境，总是不高兴、不满意。

　　和同龄的孩子相比，焦虑儿童明显胆小，在很多场合都容易感到害怕或有大祸临头的不祥感觉，急性发作能达到惊恐的程度，如不敢走黑路、不敢单独留在室内、不安地来回走动、不放心、反复检查等。

　　有的儿童纠缠父母，寸步不离，即使勉强到校也很少与老师、同学交往。学龄儿童焦虑可表现为上课不安、坐不住、小动作多、注意力不集中、烦躁、易和同学发生冲突、学习效率低、学习成绩下降、难以完成课堂作业。有的不敢当众讲话，回答问题不敢正视对方，面红耳赤、手足无措、出汗心跳、手舌振颤、说话不流利。

　　还有的焦虑儿童表现为不愿上学，逃学、离家出走、在外游荡等。焦虑症时的生理反应比较突出，表现为自主神经功能紊乱症状，如胸闷、心悸、呼吸加速、血压升高、多汗、口干、头晕、恶心、腹部不适、四肢发凉、便秘、尿频、睡眠不宁、早醒、多梦等。有的在焦虑发作时会发生昏厥现象。

焦虑症的表现

焦虑症的种类
你的孩子属于哪种焦虑

焦虑症，又称为焦虑性神经症，是神经症这一大类疾病中最常见的一种，以焦虑情绪体验为主要特征，可分为慢性焦虑（广泛性焦虑）和急性焦虑发作（惊恐障碍）两种形式，下面进行详细阐述。

慢性焦虑（广泛性焦虑）

在没有明显诱因的情况下，儿童经常出现过分担心、紧张害怕，但紧张害怕常常没有明确的对象和内容，以持续的显著紧张不安，伴有自主神经功能兴奋和过分警觉为特征的一种慢性焦虑障碍，是最常见的一种焦虑障碍。广泛性焦虑障碍患者常具有特征性的外貌，如面肌扭曲、眉头紧锁、姿势紧张，并且坐立不安，甚至有颤抖、皮肤苍白、手心、脚心以及腋窝汗水淋漓。值得注意的是，儿童虽容易哭泣，但为广泛焦虑状态的反映，并非提示抑郁。广泛性焦虑障碍很常见，在 1 年时间内可影响 3% ～ 5% 的人群，女性两倍于男性，常与应激有关，此障碍通常开始于儿童或青少年期，但也可以在任何年龄开始。

急性焦虑发作（又称为惊恐发作）

在正常的日常生活环境中，并没有恐惧性情境时，儿童突然出现极端恐惧的紧张心理，伴有濒死感或失控感，同时有明显的自主神经系统症状，如胸闷、心慌、呼吸困难、出汗、全身发抖等，一般持续几分钟到数小时。发作突然开始，迅速达到高峰，发作时意识清楚。这种类型焦虑的出现是发作性的，无法预知的。由于急性焦虑发作的临床表现和冠心病发作非常相似，这时家长往往拨打"120"急救电话，带孩子去看心内科的急诊。尽管儿童看上去症状很重，但是相关检查结果大多正常，因此往往诊断不明确，使得急性焦虑发作的误诊率较高，既耽误了治疗也造成了医疗资源的浪费。

另外，在美国的精神障碍诊断标准中，焦虑障碍的分类标准不一致，包括广泛性焦虑、急性焦虑发作、恐惧症、创伤后应激障碍、急性应激障碍、强迫障碍。

焦虑症的种类有哪些

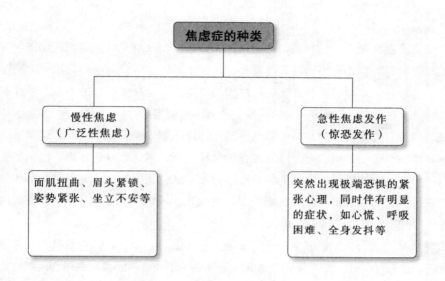

焦虑症的种类

慢性焦虑
（广泛性焦虑）

面肌扭曲、眉头紧锁、
姿势紧张、坐立不安等

急性焦虑发作
（惊恐发作）

突然出现极端恐惧的紧
张心理，同时伴有明显
的症状，如心慌、呼吸
困难、全身发抖等

我也不知道我
害怕什么，好紧张！

身上抖这么厉害，
快打120！

焦虑症的成因
是什么让你的孩子焦虑不安

儿童焦虑症常见于学龄儿童，以女孩为多见。这类儿童常常因学习成绩差，对陌生环境反应敏感而担心害怕，甚至惶恐不安，哭闹不停。他们对老师的批评，同学的看法非常敏感，常常担心被别人嘲笑，对尚未发生的情况产生过分的关注，并伴有无根据的烦恼。对日常一些微不足道的小事，也显得过分焦虑。

究其缘由，儿童焦虑症与先天素质和后天环境因素有着密切的关系。这类孩子一般具有敏感、自信心不足、自尊心又很强的性格特点，容易紧张、多虑。他们的家长也常有敏感、多虑的特质，在日常生活和学习中，这些父母常常无意识地采用失当的教育方法使孩子不能准确客观地认识自我，为后来的情绪障碍埋下伏笔。总之，造成儿童焦虑症的原因有以下几个方面。

遗传因素 父母的个性和情绪等特征通过基因遗传给幼儿，其中包括多愁善感、焦虑不安、悲观等特征。也有人认为焦虑症是环境因素通过易感素质共同作用的结果，易感素质是由遗传决定的。

生理因素 年龄、性别和躯体状况与焦虑症的发生也有关，年龄大的儿童发生率较年龄小的高；大年龄组中，女孩较男孩的发生率高；躯体状况不良的孩子发生焦虑症的概率更高。

心理社会因素 ① 由于学习任务过重，课外作业太多，娱乐及睡眠时间少，压抑了儿童好玩的天性，日久就会产生焦虑；② 家长期望值过高，把孩子的考分看得太重，时间一长，孩子怕考不好就会滋生焦虑情绪；③ 父母经常吵架，家庭无幸福感可言，孩子心灵受到创伤，变得失望与焦虑；④ 学生之间竞争激烈以及升学的压力，造成那些成绩不好的孩子孤僻、厌学、焦虑；⑤ 孩子考得好，家长在生活上加倍关怀，考得差，生活上给以惩罚，甚至嘲讽挖苦，使孩子加重焦虑；⑥ 个别教师及少数家长以严厉的惩罚手段教育孩子，易使儿童产生心理障碍。

焦虑症产生的原因

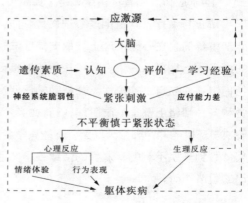

儿童的分离焦虑
为什么孩子离不开我

　　婴幼儿与父母分离时出现焦虑障碍是一种普遍的现象，当儿童处于陌生的环境时更容易出现焦虑情绪。儿童与亲人、家庭或其他熟悉环境分离时出现过分焦虑，则称为儿童分离焦虑。当一个孩子，已超过三周岁时且语言已经比较丰富，此时若出现过分和非现实的焦虑并持续四周或四周以上时才能下此诊断。

　　分离焦虑症状主要表现在父母离开孩子之时，孩子过分担心依恋者被伤害或不再回来，故拒绝上学或独自睡觉，甚至不愿离开家庭或紧随父母的身后，目的是与主要依恋者（常指父母，尤其是母亲）待在一起。当孩子预感到依恋者将离开他们时，就会出现头痛、胃痛、恶心和呕吐等躯体反应。但要说明的是，当实际或可能离开时出现上述情况也属正常的，但这种离别的恐惧是构成焦虑的主要成分，这种恐惧心理持续相当一段时间内得不到缓解，社会功能开始受到影响，才应考虑是否属于分离焦虑。

　　诊断与鉴别

　　（1）在学龄前期发病（七周岁之前）；

　　（2）不愿离开父母，不肯独睡，不愿上学，害怕亲人一去不复返。在亲人离开时出现焦虑（哭闹或面部表情紧张），亲人离开后出现抑郁、悲伤、退缩等症状。有时伴有头痛、恶心、呕吐等躯体症状；

　　（3）病程至少在一个月以上；

　　（4）应排除由其他情绪障碍（如恐惧、儿童分裂症）引发的焦虑。

　　矫正与治疗　　儿童期是心理发育阶段，心理可塑性很大。所以早发现和早治疗是非常重要的。在心理治疗上采取支持疗法是必要的，应耐心听取孩子的诉说，对他们的痛苦适当地表示同情。应以儿童能够接受和理解的方式使之认识到自己的弱点，让他们树立独立自主的个性。儿童期的任何情绪障碍都应该慎用精神药物，儿童在感知觉和各种情绪上都是发展阶段，药物的轻率使用会带来严重的后果。儿童应学会如何解决与环境的冲突和个人问题，不能只学会用药物来回避现实问题。药物会使他（她）们体验到一些不利的、消极的情绪或情感活动，以致他们无法认识、接受以及处理自己的感情冲动。

儿童分离焦虑的表现

考试焦虑
专家解析考试焦虑

考试焦虑是人由于面临考试而产生的一种特征的心理反应，它是在应试情境刺激下，受个人的认知、评价、个性、特点等影响而产生的以对考试成败的担忧和情绪紧张为主要特征的心理反应状态。

心理学家认为，心理紧张水平与活动效果是倒"U"形曲线关系。紧张水平过低和过高，都会影响成绩。适度的心理紧张，可以对考试起到一种激励作用，产生良好的活动效果。这种正常的生理应激反应，不但是普遍的，而且是必要的，在考试中，它可以使我们联想加快、反应速度加快，从而在短时间内大幅度地提高注意力、记忆力和认知能力。但过度的考试焦虑不利于复习和应试，反而会降低考生的学习效率和考试成绩，也会影响考生的身心健康。目前，考试焦虑主要包括考前焦虑和考试焦虑。

考前焦虑 一般发生在重大考试前半个月至一个月，表现为精力不集中，心烦意乱，有的动辄和家长闹情绪，严重的会出现头痛、腹泻、发烧等症状。如果父母没有及时发现并加以干预，轻则影响备考，重则继续发展成为考试焦虑症。考试焦虑症的主要症状表现为：心跳加快、呼吸急促、头痛、胸闷、恶心、出冷汗、手脚冰冷、腹痛、腹泻等一系列症状。

考试焦虑 一般指发生在考试过程中，表现为过度紧张、大脑空白、推理能力和思考能力下降。有的考生同时伴有自主神经状况出现，如眼花、手抖、口干、呕吐、头昏、心率过快直至休克，出现大家通常所说的"晕场"。

总之，正确的人生观、价值观，坚定的信念，崇高的理想，明确的学习动机，积极的学习兴趣，开朗的性格，顽强的意志，良好的情绪等都有利于克服考试焦虑。作为学生应该及时地调整好心态，正确地对待考试，放松心情，明白紧张是不会给自己带来好的成绩的，要学会用平常心应对各种事情。如果症状严重需及时进行治疗，以免造成不必要的麻烦。

考试焦虑的表现

焦虑的有利因素

适当的焦虑有助于考试状态的发挥

　　焦虑是一种复合性情绪状态，包括焦虑反应、过度焦虑和焦虑症这三个由轻至重的层次。焦虑反应是人们对一些即将来临的紧张事件进行适应时，在主观上产生的紧张、不安、着急等期待性的情绪状态，而考试焦虑介于焦虑反应和焦虑症两者之间，属于过度焦虑。

　　现在考生的焦虑是普遍存在的，焦虑产生的原因是考生意识到考试对自己未来的升学和职业的影响，意识到考试结果将影响他人对自己的评价，从而产生不当的自我暗示，如"我必须通过，这事关系到我的前途和命运"。另一个原因是焦虑情境的出现，如陌生的考场、监考者和其他考生。还有一些意外因素也可引起焦虑，如突然生病、考试规则改变等。

　　绝大多数考生在临考前都有一定程度的紧张或焦虑反应，是一种正常的现象。适度紧张可以维持考生的兴奋性，增强学习的积极性和自觉性，提高注意力和反应速度等，也就是说，在考试及其准备过程中，维持一定程度的紧张是有必要的。

　　心理学家发现，考试焦虑与学习效率并非都是呈正相关的，学习动机与学习效果之间是"倒 U 形"曲线关系，这一规律被称之为"耶克斯－多德森定律"。即学习动机微弱或过于强烈都不利于学习，只有当学习动机的强度适中时，才会取得最理想的学习效果。但是当学习难度发生变化时，两者的关系又会发生变化，学习难度很小，学习动机必须十分强烈才能取得好的学习结果；学习难度很大，适当降低学习动机的强度才能促进学习。

　　据调查，大多数学生都承认考试时有过焦虑感，其中一些考生报告，高度焦虑使他们脑中一片空白，不能正常学习，成绩自然较差。这也许是因为高度紧张妨碍了思维的灵活度、广阔度和深刻度。所以，降低焦虑对提高学生的学习成绩和效率具有不可忽视的作用，对于现代考生在考试中发挥出应有的、较高的水平具有指导性作用。

焦虑的有利因素

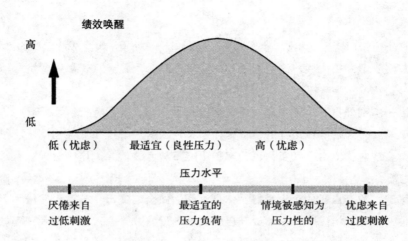

绩效唤醒

高

低

低（忧虑）　　最适宜（良性压力）　　高（忧虑）

压力水平

厌倦来自　　　最适宜的　　　情境被感知为　　忧虑来自
过低刺激　　　压力负荷　　　压力性的　　　　过度刺激

考试焦虑的家长误区
家长应避开引起孩子焦虑的误区

考试不仅是对考生的检验，也是对考生父母的一次考验，如何保持自身的良好心态，让孩子有好心情迎接挑战，这也成了不少父母关心的问题。家长最好要避开以下四个误区。

误区一：到处打听小道消息，并传递给孩子　家长应避免把自己所获的小道信息传递给孩子。因为在考试这样的事情里，家长并没有了解孩子真实的情况。孩子是当事人，更清楚自己的水平和实力，比家长更能掌握考试信息。这个时候，家长要相信孩子的判断。

误区二：放弃自己的个人爱好、休息时间，做全陪父母　有不少父母为了给孩子创设一个"肃静"的环境，主动放弃自己的个人爱好，全家人都盯着考试不放，这无形之中增加了孩子的心理压力。心理专家提醒：这样做对孩子是没有帮助的。考试是用孩子的能力来解决问题的，所以要按照孩子做事的习惯。父母只是配合而已，而不是将自己认为好的方式强加给孩子。

误区三：每天都处于高度紧张状态，总是担心孩子考不好会有什么恶劣后果　心理学告诉我们，人与人的关系就像一个系统，是会互相影响的，特别是情绪是会"传染"的，如果一个人跟一个整天都紧张兮兮的人在一起，这个人也会变得紧张。所以，如果孩子生活在一个氛围很紧张的家庭，想保持平静的心态几乎不可能。反过来如果一个考生生活在一个氛围轻松的家庭，心情也慢慢会被带动的。总之，一个家庭总体表现出什么样的氛围，家里的小孩也会慢慢拥有与这种氛围相对应的心态。

误区四：面对孩子的紧张情绪手足无措，甚至加以指责　在孩子出现慌张的时候，家长要表现出一切在意料之中的态度，这样往往对于快速缓解孩子的焦虑是有帮助的：①告诉孩子，几乎所有人在这个时候碰到这样的事都会出现焦虑，这是很正常的现象；②这个时候孩子是最需要家人的力量来支持的，因此，家长千万要表现出冷静，当孩子看到发生的事情是在可掌控之中，他的情绪便会回到正常的轨道中来。

家长应正确对待考试焦虑

考试焦虑症的治疗方法
如何减轻考试焦虑

考试焦虑症的治疗主要以心理治疗为主，也可适当配合药物进行综合治疗。具体包括以下几种方法。

转变观念，正确对待考试及考试焦虑　首先要明白考试前出现紧张是很正常的，适度的紧张可调动人的积极性，激起比平常更大的力量和更多的智慧，所以对待考前出现的轻度紧张心理不必过分担心，那种"对紧张的紧张，对焦虑的焦虑"才是最有害的。对于考试，要合理地设定目标，过高的期望只会引起对失败的过分担心而产生不必要的紧张。

自信训练　主要是通过表达正常情感和自信，使那些消极的自我意识得到扭转，用来削弱或消除其考试焦虑的一种自我训练的方法。

考试焦虑症的产生往往与消极的自我暗示有关。一想到考试，有考试焦虑症的学生首先想到的往往是"我肯定考不好。""要是考砸了怎么办？"并将这种思维扩大化，"我要是考砸了，父母一定会很失望。""我要是考砸了，老师一定会批评我。"这些想法导致焦虑症状加重，影响了考场上的正常发挥，而考试成绩不理想又强化了这些想法，下次考试时，焦虑更重，对成绩影响更大，造成恶性循环，难以纠正。因此，增强自信是治愈考试焦虑症的必要前提。在心理学上，挺胸、抬头、步伐快对提高自信有暗示作用，可以无意识地建立信心；多想过去考试成功的事也有助于提高自信；多听一些振奋人心的音乐对提高自信心也是很有帮助的。

放松训练　（1）头部放松：用力紧皱眉头保持10秒钟，然后放松；用力闭紧双眼，保持10秒钟，然后放松；用舌头抵住上腭，使舌头前部紧张，保持10秒钟后放松。（2）颈部肌肉放松：将头用力下弯，努力使下巴抵达胸部，保持10秒钟，然后放松。（3）腹部肌肉放松：绷紧双腿，并膝伸直上抬，保持10秒钟，然后放松；将双脚向前绷紧，体会小腿部的紧张感10秒钟，然后放松；肩部、臀部、胸部等身体各部位肌肉逐个放松。每日坚持练习，最后做到可以随心所欲，随时放松。这样，考试感到紧张时，可以立刻进行放松练习，达到全身放松。

考试焦虑症的治疗方法

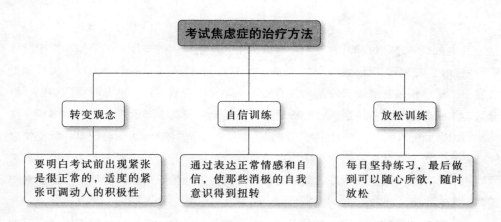

社交焦虑症
别让社交焦虑影响孩子的生活

儿童社交敏感症是指儿童对新环境或陌生人产生持续的或反复的恐惧、焦虑情绪或回避行为。主要表现形式为：缺乏信心、口吃、表述不清；躲避他人视线；脸面发红发热，躯体紧张、僵硬；分泌大量唾液等。如果社交敏感症不能及时得到控制，就有可能发展成为社交焦虑症。社交焦虑障碍是婴幼儿和青少年时期最常见的精神、情绪和行为方面的疾障。据统计，每100名儿童和青少年中有13人曾经历某种社交焦虑障碍，且女孩的患病率略高于男孩。在社交焦虑障碍的儿童和青年患者中，有半数人同时患有多种社交焦虑障碍或抑郁症等精神和行为方面的障碍。社交焦虑障碍的影响因素主要有以下几种。

自身气质的影响　研究结果显示，儿童和青少年所患的各种社交焦虑障碍几乎都与其基本气质有关。学者们建议，在6至8岁阶段，应密切注意和观察孩子社交焦虑障碍的征兆。另外，结果还表明，父母若患有社交焦虑障碍的，其子女的患病率要高于一般儿童。

家庭环境的影响　社交焦虑症的发生大多与家庭环境有关，如果儿童从幼年起就不断遭受各种不良精神刺激的侵袭，如受到家庭成员的惊吓、被父母打骂，这些不良刺激会严重阻碍儿童对正常社会交往的学习，破坏孩子的适应能力，使孩子逐渐形成自卑、敏感、退缩、逃避的性格特点。这种性格特点很容易遭受社交挫折，从而进一步加重了逃避行为，最终形成社交敏感或社交焦虑症状。

还有一个不容忽视的方面是社交焦虑症的恶性循环，有人可能会说："既然知道患有社交焦虑症，避免参加社交活动就万事大吉了。"其实，单纯的回避可导致一系列的问题，如害怕被人评价、社交技能缺乏，而这种缺乏又会导致回避行为的增加，进一步加重了社交焦虑症。因此，单纯地通过回避减轻病情无异于"饮鸩止渴"，只会导致病情越来越恶化。只有积极地治疗才是解决社交焦虑症的最佳办法。要避免社交焦虑情况的发生，一方面是加强社交技能的学习与应用，另一方面可通过药物治疗克服社交时的紧张、恐惧及躯体不适，轻松地面对各种社交场合，克服回避行为。这样才能进一步增加自己学习的机会，形成良性循环。

社交焦虑症的表现

儿童焦虑症的治疗方法
如何正确对待儿童焦虑症

　　引导孩子具备一个良好的心态　首先要引导孩子适当降低自身期望值，消除完美主义倾向，增强孩子对学习和生活中一些打击和挫折的耐受力；其次是要让孩子保持心理稳定，对于高兴或悲伤的事情不可过于感情用事，不要企图让客观事物纳入自己的主观思维轨道，那不但是不可能的，而且极易诱发焦虑、抑郁、怨恨、悲伤、愤怒等消极情绪；最后还要注意"制怒"，不要轻易发脾气。

　　学会自我疏导　轻微焦虑的消除，主要是依靠个人的努力，当出现焦虑时，首先让孩子意识到这是焦虑心理，要正视它，不要用自认为合理的其他理由来掩饰它的存在。其次要树立起消除焦虑心理的信心，充分调动主观能动性，运用转移注意力的原理，及时消除焦虑。当孩子的注意力转移到新的事物上去时，心理上产生的新的体验有可能驱逐或取代焦虑心理，这是人们常用的一种方法。

　　学会自我放松　当孩子感到焦虑不安时，引导他运用自我意识放松的方法来进行调节，具体来说，就是有意识地在行为上表现得快活、轻松和自信。比如说，可以端坐不动，闭上双眼，然后开始向自己下达指令："头部放松、颈部放松"，直至四肢、手指、脚趾放松。运用意识的力量使自己全身放松，处在一个松和静的状态中，随着全身的放松，焦虑心理可以慢慢得到平缓。另外还可以运用视觉放松法来消除焦虑，如闭上双眼，在脑海中创造一个优美恬静的环境，想象自己在大海岸边，波涛阵阵，鱼儿不断跃出水面，海鸥在天空飞翔，你光着脚丫，走在凉丝丝的海滩上，海风轻轻地拂着你的面颊……

　　药物治疗和心理辅导　如果焦虑过于严重时，还可以遵照医嘱，选服一些抗焦虑的药物，如利眠宁、多虑平等，但最主要的还是要靠心理调节。也可以通过来寻求他人的开导以尽快恢复。如果患了比较严重的焦虑症，则应向心理学专家或有关医生进行咨询，弄清病因、病理机制，然后通过心理治疗，逐渐消除引起焦虑的内心矛盾和相关因素，解除对焦虑发作所产生的恐惧心理和精神负担。

儿童焦虑症的治疗方法

家长对儿童焦虑症的注意事项

缓解孩子焦虑，家长应该注意什么

患有焦虑症的孩子对外界事物的反应过分敏感、多虑，缺乏自信心，常因一些小事而烦躁不安，担心害怕，甚至哭闹。这类孩子平时表现温顺、守纪律、克制力强，自尊心强，对待事物常十分认真，又过分紧张。这些性格缺陷的形成大多是家庭环境造成的。孩子焦虑症的家庭诱因主要有以下几点。

（1）父母有焦虑症，孩子进行模仿或被影响。

（2）父母对某些危险估计太高，常常给子女一些多余的劝告、威胁、禁令等，使孩子整天焦虑不安。

（3）父母视子女为自己的"知心人"，并向他诉说许多家中的经济问题、婚姻问题等，而一个年幼的孩子是无法理解这些复杂的问题，在这种矛盾重重的处境下，孩子容易产生焦虑。

（4）父母太苛求。对孩子做的任何事情，总是表示不够满意，反复提出要求做得更好一些，而这些高标准的要求常常超出孩子的实际能力，导致孩子也逐渐开始对自己不满意，最终对自己不能实现预期的要求出现焦虑反应。

（5）父母对孩子过度地放纵，也可导致焦虑症。没有一定的限制，孩子常常不知道他们自由活动的界限究竟在哪里；外界环境对他们的行为没有什么要求，而他们自己也不知道应该如何努力去提高，从而出现焦虑情绪。

（6）经常遭到惩罚。惩罚常常表示受到其他人的否定，这会让孩子感到害怕。当他不能完成预期的任务时，对将要受到的惩罚会感到十分焦虑。

总之，不良的环境、不恰当的教育方法，是导致或加重孩子焦虑的重要原因。预防孩子焦虑症的首要问题是改善环境及教育方式，家长要努力创建温暖、和谐、愉快、健康的家庭心理环境，不要整日为一些小事争吵不休，以免使孩子经常处于焦虑和不安之中。应改变对孩子不合理的要求，循循善诱，以朋友的姿态出现，根据不同的年龄、智力水平，给予恰当的要求，既不溺爱，也不苛求。当孩子做错事时，不要用斥责或滥用惩罚来伤害孩子的自信心和意志力，而应经常对孩子说"大胆些""不要怕""再试一次""不要丧失信心"之类的话，帮助孩子学会克服困难，树立信心，培养其顽强的意志和开朗乐观的性格。

家长面对焦虑的孩子要做些什么

焦虑症的家庭治疗

焦虑症的相关家庭治疗措施

下面有一些家庭矫治措施可以帮助你的孩子舒缓紧张、克服焦虑，你可从中选择运用。

学会放松，学会深呼吸　当孩子面临紧张情绪时，教他暂时放松数秒，如学做深呼吸，这样可以大幅改善焦虑的程度。当感到焦虑时，孩子的脉搏加速，呼吸也加快，而深呼吸可以迫使孩子减缓呼吸速率，使身体相信焦虑已过去。正确的腹部呼吸是，当你一吸一呼时，腹部将随之一起一伏。养成这种蓄意放松数秒钟的习惯，它可充当有效的镇静剂。使你控制焦虑，而不是被焦虑掌控。

活动下颚和四肢　当一个人面临压力时，容易咬紧牙关。此时不妨放松下颚，左右摆动一会儿，以松弛肌肉，纾解压力。你还可以教孩子做扩胸运动，因为许多人在焦虑时会出现肌肉紧绷的现象，引起呼吸困难，而呼吸不顺可能使原有的焦虑更严重。欲恢复舒坦的呼吸，不妨上下转动双肩，并配合深呼吸。举肩时，吸气；松肩时，呼气，如此反复数回。

保持乐观、肯定自己　当焦虑来袭时，让孩子反复地告诉自己，"没有问题"，"我可以对付"，"我比别人行"。这样可使他渐渐消除呼吸加快及手冒冷汗的本能反应，使他的智能反应逐渐表现出来。

转移注意力　假使眼前的情况让孩子心烦紧张，你可以引导他暂时转移注意力，把视线转向窗外，使眼睛及身体其他部位适时地获得松弛，从而暂时缓解眼前的压力。

适当宣泄　放声大喊是发泄情绪的好方法。不论是大哭、大吼或尖叫，都可适时地宣泄焦躁。

保持睡眠充足　多休息及睡眠充足是减轻焦虑的一剂良方。这可能不易办到，因为紧张常使人难以入眠。但睡眠愈少，情绪将愈紧绷，更有可能发病，因为此时免疫系统已变弱。

营养与饮食疗法　经常焦虑的人很难放松心情，但这种情绪又必须纾解。此时适当的饮食就显得极为重要。由焦虑引起的疾病，通常源自营养不足，因为此时身体无法正常地处理营养素，所以适当调节饮食是非常重要的。

焦虑症的家庭治疗方法

焦虑症的家庭治疗 ── 学会放松，学会深呼吸

活动下颚和四肢

保持乐观，肯定自己

转移注意力

适当宣泄

保持睡眠

营养与饮食疗法

松弛肌肉，纾解压力

我能行！
保持乐观，肯定自己

保持睡眠充足

适当调节饮食

专栏三

焦虑自评量表（SAS）[1]

下面有 20 条文字，请仔细阅读每一条，把意思弄明白，然后根据您最近一星期的实际情况选择适当的选项表示："1"表示没有或很少时间有；"2"表示有时有；"3"表示大部分时间有；"4"表示绝大部分或全部时间都有。

1. 我觉得比平常容易紧张和着急；
2. 我无缘无故地感到害怕；
3. 我容易心里烦乱或觉得惊恐；
4. 我觉得我可能将要发疯；
5. 我觉得一切都很好，也不会发生什么不幸；
6. 我手脚发抖打战；
7. 我因为头痛、颈痛和背痛而苦恼；
8. 我感觉容易衰弱和疲乏；
9. 我觉得心平气和，并且容易安静坐着；
10. 我觉得心跳很快；
11. 我因为一阵阵头晕而苦恼；
12. 我有晕倒发作或觉得要晕倒似的；
13. 我呼气吸气都感到很容易；
14. 我手脚麻木和刺痛；
15. 我因为胃痛和消化不良而苦恼；
16. 我常常要小便；
17. 我的手常常是干燥温暖的；
18. 我脸红发热；
19. 我容易入睡并且一夜睡得很好；
20. 我做噩梦。

计分：20 个条目中有 15 项是用负性词陈述的，按上述 1~4 顺序评分。其余 5 项（第 5，9，13，17，19），是用正性词陈述的，按 4~1 顺序反向计分。

评定结束后，将 20 个项目的各个得分相加即得，再乘以 1.25 以后取得整数部分，就得到标准分。按照中国常模结果，SAS 标准分的分界值为 50 分，其中 50~59 分为轻度焦虑，60~69 分为中度焦虑，70 分以上为重度焦虑。

1）资料来源：http://baike.baidu.com/link?url=Bk5mc2C6Sma157XyecMWKNta3rKdmRduXNIX7SDP8wzdeVlcrG
K1S8hWVvIkhjd2AW–w7I–8qBfiq0e5MOv1YeEP2c_Ex1e1a45mnPnhPEdqUT9vPCPLoAuZ061SlIYM5UQb8_
OpEfUgS8EGY30UwmEikZI87VoY5GJAPGw7_EG

第4章
解析恐惧症

儿童恐惧症的概念

孩子惶恐不安是病吗

　　恐惧症是对某些物体或特殊环境产生异常强烈的恐惧，伴有焦虑情绪和自主神经系统功能紊乱症状，儿童所害怕的事物或情境事实上并不具有危险性或者虽有一定危险性，但其所表现的恐惧大大超过了客观存在的危险程度并由此产生回避、退缩行为而严重影响儿童的正常学习、生活和社交等。恐惧症在儿童中并不很常见，男女均可发生。

　　恐惧的内容主要可分为三大类：

　　（1）对身体损伤的恐惧，如怕死、怕出血、怕受伤等；

　　（2）对自然事件的恐惧，如怕黑暗、怕动物等；

　　（3）对社交的恐惧，如怕上台发言、怕到人多的地方、怕生人等。不同年龄阶段，所恐惧的内容和对象也不同，害怕的内容会随儿童年龄的增长而变化，如幼儿多怕与亲人分离，怕陌生人和陌生环境，怕某些动物和昆虫，怕黑暗和孤独，怕雷击闪电等；学前的儿童害怕鬼怪等；少年常害怕死亡、怕某人等；对社会情境的恐惧则开始于青春期。

　　恐惧情绪是儿童期最常见的一种心理现象。Macfarlance 等（1954）曾对一组儿童纵向跟踪研究至 14 岁，发现 90% 的儿童在其发育的某一阶段曾发生过恐惧反应。许多正常儿童在早年不仅对某些特殊事物感到恐惧，还常常害怕多种事物。Lapouse 和 Monk（1959）观察了 482 名 6～12 岁的儿童，发现 4.3% 的儿童对 7 种以上的事物发生恐惧。一般而言，害怕是正常儿童发育中的一种体验，是儿童的一种健康反应。如一个害羞的孩子对新环境的最初反应可能是害怕或退缩，反复的接触和不施加压力的保证则有助于孩子适应新的环境。一般来说，儿童恐惧情绪持续时间较久，但多数随着年龄的增长，儿童能力提高，自信心增强，恐惧会自行减弱或消失的。但如果惧怕情绪严重且持久，焦虑、好哭、敏感，就是适应不良的异常反应，发展过头就容易演变成恐惧症。

　　总之，严重的惧怕是一种心理异常表现，有损于儿童身心健康，可造成难以治愈的精神障碍。因此，家长要给予足够的重视，及时矫正儿童的惧怕心理。

什么是恐惧症

（1）对身体损伤的恐惧

（2）对自然事件的恐惧

（3）对社交的恐惧

第4章 解析
恐惧症

恐惧感的种类
你的孩子经常感到"恐惧"吗

　　根据儿童行为的发展规律，在一定时期内对某些动物或者雷电等情景会有一些恐惧的反应，但不会因此而产生持续的情感障碍。如果有些儿童一直反复出现这类恐惧，而且反应剧烈，并有腹痛、恶心、呕吐、大小便次数增加等症状，这就属于一种病态的表现，久而久之，会造成儿童社会适应不良，并且有相应的生理改变。

　　恐惧感是个体面临某种危险刺激或意识到危险即将发生时所产生的一种强烈的紧张不安的情绪。它能使个体及时感到危险，及时脱离危险而获得安全，因而是正常的、健康的。恐惧感往往伴随有一些生理上的不适表现，例如心跳加速、呼吸短促或停顿、血压升高、脸色苍白、嘴唇颤抖、四肢无力、出冷汗、产生逃避行为等。

　　一般来说，儿童在生长发育过程中所出现的恐惧，为时短暂，会随年龄变化而变化，且不甚严重，很少对儿童的心理发展和行为表现产生严重的影响。因此属正常的恐惧，家长不必过分担心。

　　但是恐惧症是不正常的恐惧感，对儿童心理健康的危害是相当大的。它常使儿童感到不安全、成天生活在幻想的紧张与恐惧的气氛中，使儿童不能正常地生活。其中，恐惧感的表现主要有以下两种形式：

　　常态恐惧　正常的恐惧往往是一种本能的反应，动物也会有恐惧。因此在一般情况下，儿童出现恐惧感不奇怪。相反，如果儿童对任何事物都无恐惧感，这倒是真正的严重问题，因为在出现了真正的、可能伤及生命的危险时，没有恐惧感的儿童将不知道如何逃离危险。

　　特质恐惧　如果孩子在没有出现明显的恐惧性刺激情况下，出现了严重而持久的恐惧，或在正常儿童不再对某事物产生恐惧的年龄却仍表现出对该事物的严重恐惧，这样的恐惧就不再是正常的恐惧了，而是一种病态的、适应不良的恐惧病。例如，一个12岁儿童，十分惧怕猫，不仅看见猫时恐惧不安，就是听见猫的叫声、甚至在有人提到猫或在书上看见猫的形象时，都感到异常不安。这种状况，就属于不正常的恐惧，这种不正常的恐惧在严重时甚至会发展成为恐惧症。

恐惧感的种类

恐惧症的分类
你的孩子属于哪种恐惧症

恐惧症又称恐惧性焦虑障碍，是一种以过分和不合理地惧怕外界客体或处境为主的神经症。对某些情境、场合产生不必要的十分恐惧的心情，不能自控地尽量回避，不但别人认为难于理解，全无必要，有时本人也知道这是不切实际、不合情理的，但却不能摆脱，引为苦恼。患者采取回避行为，并有焦虑症状和自主神经功能障碍的一类心理障碍。恐惧症的中心症状是恐惧，并因恐惧引起剧烈焦虑甚至达到惊恐的程度。因引起恐惧原因的不同可分为以下几种：

单纯性恐惧 单纯性恐惧是常见的一种，儿童时期多发。如对蜘蛛、蛇或高处、黑暗、雷雨等产生恐惧感。对雷雨恐惧者，不仅对雷雨觉得恐惧，而且对可能发生雷雨的阴天或湿度大的天气也可能感到强烈的不安。更有甚者为解除焦虑主动离开这些地方，以回避雷雨发生。

社交恐惧 主要是害怕出现在众人面前，特别是对于被人注意更为敏感。他们不敢到公共场所，是一种缺乏自信的心态，害怕自己发抖，脸红、出汗或行为笨拙、手足无措等表现引起别人的注意。因此，总是不愿从安静的会场走出，不敢与别人对坐，尤其回避与别人谈话。赤颜恐惧是较常见的一种，儿童只要在公共场合就感到害羞、局促不安、尴尬、笨拙、迟钝，怕成为人们耻笑的对象。有的儿童害怕看别人的眼睛，怕跟别人的视线相遇，称为对视恐惧。

广场恐惧 不仅对公共场所恐惧，而且担心在人群聚集的地方难以很快离去或无法求援。这些公共场所包括火车站、市场以及理发室和影剧院等。因此这些人常喜欢待在家里，不轻易出门，以免引起心神不定、烦躁不安。

旷野恐惧 儿童在经过空旷地方时产生恐惧感，并伴有强烈的焦虑和不安。因此儿童怕越过旷野，严重时害怕越过任何建筑，如害怕跨越街道、桥梁、庭院和走廊等。此外还有闭室恐惧者，害怕较小的封闭空间，如怕乘电梯、地铁火车、客船等。患病儿童多呈慢性起病，可持续多年，但多逐渐有所改善，一般起病急者易缓解。

恐惧症的种类

单纯性恐惧

社交恐惧

广场恐惧

旷野恐惧

社交恐惧症
警惕孩子青春期的社交恐惧

一位十五六岁的高中生，不敢在老师和同学面前发言，如果遇到必须轮流上台发言而躲不开的情况，她宁愿装病逃学，也不敢面对朝夕相处的同班同学说话。对于上台发言，用她的话说："还不如把我杀了。"

这种社交恐惧现象十分常见，严重的会发展成社交恐惧症。中学时期，一个人生理和心理都要发生急剧的变化，如果在这一阶段遇到社交心理问题，没有解决好，就可能会影响他们将来的升学、求职、就业、婚姻等一系列社会化进程。

按照心理学上的区分，社交恐惧心理和社交恐惧症是两回事，许多人都曾经有过恐惧心理，这并不能算是有病，也许在成长过程中他们的情况会自然好转，只有极少数人患上社交恐惧症。

社交恐惧症是恐惧症中最常见的一种亚型恐惧症，是一种对任何社交或公开场合都感到强烈恐惧或忧虑的精神疾病，儿童明知这种恐惧反应是过分的或不合理的，但仍反复出现，难以控制。患社交恐惧症的人，面对不熟悉的人讲话，或在可能被别人仔细观察的场合，又或是与异性交往时，常常往往会出现显著的、持续存在的担忧或恐惧，害怕自己的行为或紧张的表现会引起羞辱或难堪。儿童一旦暴露于类似环境中，总感到紧张、焦虑，明知不必却又无法消除。儿童对所恐惧的环境一般采取回避行为，即使坚持下来也十分痛苦，经常会出现多汗、面红耳赤、胃肠道症状等躯体症状。因此，一些社交恐惧症儿童甚至长时间把自己关在家里孤立自己。

与社交恐惧症相关的因素有很多，人格因素、家庭因素等，十分复杂。我们将在后面的章节中进行详细阐述。

总之，心理专家认为，对于中学生的社交心理问题，早期干预是非常有效和必要的。最好是及早发现问题，及早解决，为孩子以后的人际交往扫除一切障碍。

社交恐惧症的表现

社交恐惧症的原因

为什么会有社交恐惧症

随着心理咨询和社交指导的推广，认知行为学说得到了发展。一些学者认为社交恐惧主要是缺乏社交技巧和能力的培养锻炼。缺乏社交技巧给别人造成不好的印象，引起别人不好的反应，导致尴尬的处境。同时，本人觉察到了自己的社交笨拙也容易造成紧张害怕。

一些学者则强调认知的作用。他们认为，社交恐惧者的社交行为在客观上完全可以是恰当的，但病人对自己的评价不恰当。在社交过程中，病人的自我贬低起着重要的作用。不少病人本来就是缺乏自信和倾向于自卑的人，还有一些病人对自己要求过高，恨不能以自己超群的口才和举止得到所有人的称赞与喜欢，这就不可避免地反复造成自我挫败，最终导致见人就紧张害怕。当然，还有学者强调认知与行为的相互作用，把社交技巧和自我评价结合起来看待社交恐惧症。

还有学者认为，社交必有动机。通俗地说，一个人只有当他希望在别人心目中留下某种特殊的印象，才可能会感到紧张不安甚至恐惧。假如不论别人对我有什么看法，我一概毫不在乎，就不会感到紧张害怕。可见，决定所有社交恐惧的共同因素是动机，即想在别人心目中留下良好印象的动机，决定动机的因素分别有以下两种：

（1）处境。一般第一次与重要人物见面容易紧张，因为我们都懂得给人留下的第一印象特别重要。可见，就诱因或先驱事件说，往往是依着特定动机的某种处境。

（2）人格，即一个人的人格特性。如果一个人倾向于控制别人对他的印象，或者特别爱面子，似乎所有的人喜欢他才有面子，又或者是完美主义倾向，恨不得在所有人面前都表现得完美无缺，那么这种人便容易患社交恐惧症。

临床上可以见到一些极端的病例。有的儿童在病前人格相对健全，恐惧是在强烈的创伤性处境下发生的，这种病例用系统脱敏治疗效果好。另一些儿童在病前就有人格障碍，从小害羞、怕见人，又特别爱面子，争强好胜，并且一直缺乏社交训练，也没有任何兴趣爱好，充其量只会啃书本子，考试总是名列前茅。这种人一到青春期，社交恐惧便明显起来，往往没有什么确定的诱因。

社交恐惧症的原因

家长对儿童社交恐惧症的注意事项

孩子的社交恐惧可能源于家庭

　　社交是我们生活中不可或缺的活动，但有的孩子怕见生人，甚至与熟人谈话时都会紧张和脸红，不愿到人多热闹的场合。有时还会口齿不清、口吃、不敢抬头看人。严重时，在与人交往中会出现惶恐不安，出汗、心跳加快、手足无措等现象，这些现象称为社交恐惧。其实，这些孩子的心理已经出现了一定的问题，这是孩子自卑的外部表现。

　　这些孩子，生活中常受到父母的批评，有时只是因为一个小小过错就遭到父母过分严厉的训斥，甚至受体罚；有时则因为父母情绪不好而毫无道理地被训斥。这种家庭的孩子会产生惧怕心理，甚至不能辨别该做什么，该说什么，什么是对的，什么是不对的。孩子大多数时候生活在恐惧和焦虑之中，他们从父母的行为中得出这样一个结论：自己很无能，总是做错事，是个一无是处的孩子。这类孩子长大后，可能会有不同程度的社交恐惧倾向，严重者会成为社交恐惧症患者。患了此病，难以建立稳定的人际关系，他们会变得内向、孤独，人生观也会变得消极、悲观。那么，家长在此应该注意些什么呢？

　　（1）作为父母应重视并注意观察孩子是否有社交恐惧倾向。及时审视自己对待孩子的行为是否恰当，并尽早纠正不恰当的教育行为。对孩子给予更多的爱护、表扬和鼓励。有必要时则带孩子进行心理咨询，在医生的帮助下查找孩子的心理问题。

　　（2）孩子在交往中出现上述症状时，引导孩子做数次深而长的有节奏的呼吸，心里要想着自己与对方是平等的地位，这可以使紧张的心情得以缓解；平时注意训练孩子大胆并自信地看别人，为建立自信心打下基础；也可教孩子做一些克服羞怯的运动，例如，将两脚平稳站立，然后轻轻地把脚跟提起，坚持几秒钟后放下，每次反复做30次，每日做三次，可以消除心神不定的感觉。

　　（3）有时人的羞怯不完全是由于过分紧张，而是由于知识领域过于狭窄，或对当前发生的事情知道得太少。因此，家长平时要注意加强孩子对文学、音乐、艺术等方面的学习，多引导孩子看课外书籍、报刊，广泛地吸收各方面的常识，从而帮助孩子树立自信，克服羞怯。

家长该如何帮助孩子克服社交恐惧症

社交恐惧症的各类疗法

社交恐惧心理的各种疗法

　　社交恐惧症是与个人、家庭背景和社会因素都密切相关：孩子如果自身的心理因素如缺乏自信心、自尊心太强，害怕被别人拒绝；或者是父母没有重视对其社交技能的培养；又或是有曾经社交受挫经历等，都有可能引起孩子的社交恐惧症。

　　针对这些原因，在这里提出几种社交恐惧症的心理治疗方法：

　　催眠疗法　心理工作人员将孩子催眠，挖掘孩子心灵或记忆深处的东西，看他是否经历过某种窘迫的事件，试图寻找到他发病的根源。但这种疗法时间长，花费也比较大，且不适合年龄太小的孩子。

　　情景治疗　让孩子在一个假想的空间里，不断地模拟发生孩子恐惧的场景，不断练习重复发生症状的情节，心理工作人员会不断地鼓励孩子面对这种场面，最终让他从假想中适应这种产生焦虑紧张的环境。

　　认知疗法　这是一种不断灌输观念的治疗方法。心理工作人员不断地告诉孩子，这种恐惧是非正常的，让他正确认识人与人交往的程序，教给他一些人际交往的方法。

　　药物疗法　这是目前被认为是最有效的治疗方法。主要是针对孩子的发病是由体内某种化学物质的失调所致，所以运用某类药物调节平衡。

　　支持疗法　是心理治疗中最常采用的方法，主要通过对儿童的解释、安慰、鼓励、指导、疏通感情、调整环境等处理以达到治疗目的。

　　行为疗法（系统脱敏法、满灌疗法、阳性强化法等）　这是一种十分有效的科学方法。本疗法认为，每个人的行为都是外在环境对个体的作用，行为是经学习而获得的，那么，也可通过重新学习来改变。行为治疗的方法有很多，在恐惧症中运用系统脱敏治疗法较多，它是一种逐渐地去掉不良条件性情绪反应的技术，如对一位害怕老鼠的儿童，在他吃着最好吃的东西的同时给他远远地看老鼠，重复数次，并且以后逐次移近看老鼠的距离，直到他不害怕。

社交恐惧症的治疗方法

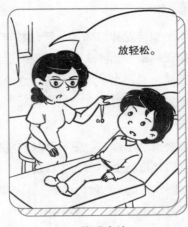

催眠疗法

强迫疗法

行为疗法（系统脱敏法）

社交恐惧症的治疗方法

改善社交恐惧症的方法

　　社交恐惧症是非常痛苦、严重影响患病儿童生活和学习的一种心理障碍。许多常人能够轻而易举办到的事，社交恐惧症儿童却望而生畏。社交恐惧症儿童总是担心会在别人面前出丑，在参加任何活动之前，他们都会感到极度的焦虑。他们会想象自己如何在别人面前出丑。当他们真的和别人在一起的时候，他们会感到更加不自然，甚至说不出一句话。儿童可能会认为自己是个乏味的人，并认为别人也会那样想。于是儿童就会变得过于敏感，更不愿意打搅别人。而这样做，会使得儿童感到更加焦虑和抑郁，从而使得社交恐惧的症状进一步恶化。许多儿童改变他们的生活，来适应自己的症状，因此他们（和他们的家人）不得不错过许多有意义的活动。

　　如何才能消除这一心理疾病呢？

　　改善自己的性格　害怕社交的人多半比较内向，应注意改善自己的性格。如多参加文体类活动，尝试主动与同伴和陌生人交往，在交往的实际过程中，逐渐去掉羞怯和恐惧感。

　　转移刺激　即暂时转移引起社交恐惧症的外界刺激。由于外界刺激在一段时间内消失，其条件在头脑中的痕迹就会逐渐淡去，有时还可消除。

　　手里握着东西　与别人在一起时，不论是正式还是非正式的聚会，开始时不妨手里握住一样东西，比如一本书，一块手帕或其他小东西。握着这些东西，对于害羞的人来说，会感到舒服而且有一种安全感。

　　学会毫无畏惧且专心地看着别人　当然，对于一位害羞的人，开始这样做比较困难，但孩子非学不可。试想，他若老是回避别人的视线，老盯着一个物品或远处的墙角，不是显得太没有勇气了吗？告诉他大胆而自信地看着别人会帮助他结交到朋友。

　　消除自卑，树立自信　学会对自己有正确的认识，知道过于自尊和盲目自卑都没有必要。可以暗示自己：我只不过是集体中的一分子，谁也不会专门盯住我，注意我一个人的，摆脱那种过多考虑别人评价的思维方式。要记住：我并不比别人差，别人也不过如此，以此来增强自信。

社交恐惧症的治疗方法

社交恐惧症的治疗方法

- 改善自己的性格
- 转移刺激
- 手里握着东西
- 学会毫无畏惧且专心地看着别人
- 消除自卑，树立信心

缺乏安全感

主动与同伴交往

学会毫无畏惧地看着别人

消除自卑，树立自信

孩子害怕上学吗

小学二年级的一名男生一到学校就头晕、呕吐；另一位三年级的孩子进了课堂就心慌、焦虑，数次昏倒，不得不断断续续请假，耽误了两年多的学业。近段时间以来，越来越多的中小学生患上了类似症状、被心理学专家称为"学校恐惧症"的心理疾病。

学校恐惧症是一种较为严重的儿童心理疾病。由于存在各种不良心理因素，使学生害怕上学，害怕学习，具有恐怖心理，故又称"恐学症"。从心理学的角度来说，学校恐惧症也是恐惧症的一种，相当于恐惧症中的场所恐惧症。但学校恐惧症又与场所恐惧症不完全相同，因为导致学生对学校恐惧的原因是多样的。

"学校恐惧症"的三个发病年龄高峰分别在5～7岁、11～12岁和14岁的青春期。这三个年龄段恰恰是儿童入学、升学的关键年龄。5～7岁的孩子刚进入小学，年龄还小，自然喜欢与亲近的人待在一起，进入陌生的环境后受分离性焦虑的影响易患"学校恐惧症"；而11～12岁的孩子可能与面临升学的压力、学习任务加重和人际关系的不良有关；14岁的孩子与青春期发育而致情绪波动有关。11岁的孩子开始进入青春前期，经历自我意识的第二次高涨，这个阶段的孩子会独自完成很多事情，尤其在人际关系方面，更乐于认同伙伴而非父母，因此情绪上较易受人际关系影响。

"恐学症"主要有以下三种特征：

（1）害怕上学，甚至公开表示拒绝上学。

（2）发病期间，如果父母勉强儿童去上学，会使其焦虑加重，倘若父母同意暂时不去上学，则孩子焦虑马上缓解。

（3）焦虑的症状表现为：心神不定、惶惶不安、面色苍白、全身出冷汗、心率加快、呼吸急促，甚至有呕吐、腹痛、尿频、便急等。

学校恐惧症的表现

学校恐惧症的诱因
孩子为何不爱上学

学校恐惧症不只是儿童自身的问题，也是家庭、学校和社会的问题，其产生的原因比较复杂。

（1）从儿童自身来说，这类孩子均有神经系统脆弱、胆小、仔细、敏感、多疑、特别爱面子、依赖性大，生活上和精神上独立性差，经不起批评等性格特点。他们成天陷于恐惧之中，无法自拔，同时伴有焦虑反应和强迫症状，明显地干扰了儿童的正常行为。

（2）从家长方面来说，主要问题有：其一，对孩子娇生惯养，养成了孩子感情脆弱、缺乏毅力、爱面子等性格弱点；其二，对孩子期望值过高，对孩子要求苛求，忽视劳逸结合，用不科学的方法迫使孩子没有任何兴趣地学习，使学生心理上承受巨大的压力，超过儿童心理所能承受的程度，导致孩子心理失衡，逐渐对学习产生恐惧和厌恶心理。行为学派强调学习理论，认为学校恐惧症是一种反应性及操作性学习行为，在恐惧事物的经历上学习而得。对这种行为如果处理不当，会增强症状，愈来愈牢固。比如父母不分是非地同情儿童，为其辩护，则会强化了儿童的恐惧。对学龄前儿童与父母在一起有安全感，若与父母分离产生害怕，恐惧焦虑不安的情绪这是自然的，大多数的幼儿均如此。假如母亲对幼儿外出离开自己表示焦虑不安、不放心，则会增强儿童的害怕和恐惧情绪。因此，他们认为儿童的恐惧与父母的反应相互影响。

（3）从学校方面而言，片面追求升学率、布置作业太多、考试过严、老师缺乏同情心也是诱发学校恐惧症的重要因素。

需要注意的是，学校恐惧症和学习成绩没有必然的联系，很多人会认为学习成绩不好或调皮捣蛋的学生才会有恐惧上学的心理，其实不然。学习成绩好的孩子可能对自己在各方面的要求更高，一旦受到某种刺激，更容易出现学校恐惧症。另外，学校恐惧不同于逃学。有学校恐惧症的孩子虽然对上学或学习有恐惧感，但内心对自己的学业又有担忧，觉得应该去上学，但自己又不能克服对上学的恐惧。而逃学的孩子是不想在学校待着，他们不太担心自己的学业，对学校不会有恐惧感。

学校恐惧症的诱因

学校恐惧症的治疗方法

如何治疗孩子的学校恐惧症

"学校恐惧症"主要是"心病",防治要对症、对因下"药"。

怎样治疗"恐学症"

当发现孩子不肯上学的现象时,家长应及时与他们谈心,尽可能了解所有与他们上学相关的情况,找到孩子不肯上学的原因,当原因找到后,父母、老师、医生应共同制定一个治疗计划。这个计划应包括以下两点:

(1)尽快设法使孩子回到学校去。假如不肯上学的孩子焦虑症明显,父母不要性急,应通知学校,取得老师的配合。然后,家长要耐心等待,并陪伴孩子,以消除或减轻其焦虑症状。开始时让孩子在学校待一个小时也好,如果这步成功了,可将时间延长至2小时,再延长至半天,逐渐过渡到不陪孩子上学和让孩子独自去学校。每当孩子有进步时,应及时给予表扬和奖励。

(2)帮助孩子克服恐惧心理。患学校恐惧症的孩子均有不同程度的焦虑症状,在找到原因后,家长要注意正面开导孩子,不要采用简单、恐吓的方法迫使孩子去上学,以免加重孩子的心理创伤,讲清目前上学和将来工作之间的关系,让孩子在认识上有所提高,切忌各种强迫性、惩罚性的言行。必要时,可以带孩子进行心理治疗。

总之,家庭、老师要改变错误的教育方法,切不可一味地训斥、打骂或体罚,更不能在众目睽睽之下恶声责备,伤害孩子的自尊心。同时调整期望值,减轻负担,缓解学生的压力,注意劳逸结合,培养孩子的学习兴趣。与此同时还可在家长、老师的配合下,请专业心理医生进行心理治疗,如心理疏导、暗示疗法,急性发作时,可配合使用小剂量的抗焦虑药物。只要相关各方密切配合,就能减轻儿童的紧张心理,学校恐惧症也能得到有效的预防和治疗。

学校恐惧症的治疗方法

儿童恐惧症的家庭治疗

儿童恐惧症的家庭防治

治疗着眼点不仅是儿童本人而是整个家庭，因为发生在儿童身上的任何症状都不是孤立的问题，儿童只是家庭成员中的一员，儿童的言行不仅影响家庭成员，其本人也受到家庭各成员的影响。因此，在治疗时不能只着眼于儿童本人，而要全面地了解儿童行为、情绪问题发生时的整个背景情况，如有洁癖的母亲，就会要求其子女过分地讲究卫生，其母怕脏，怕传染病等行为方式就直接影响她的子女，而且可能直接增加儿童的恐惧心态，为此，要改变儿童的行为也要同时改变儿童母亲的行为。

家长应该做到以下几点以帮助孩子克服恐惧障碍：帮助孩子分清现实的危险刺激与想象中的危险刺激。训练孩子的适应能力和应变能力。家长在孩子面前要始终保持冷静，不要神经质似地大惊小怪。不要向孩子讲恐怖故事、恐怖事件（如鬼、怪、妖、魔等），也尽量不要让孩子看恐怖影视和书刊。教孩子学会自我对话，通过自我暗示克服恐惧心理。

家长要采用讲科学、讲事实、讲道理的教育方法，不要采用恐吓、威胁的方式教育孩子。尤其对胆小、敏感的孩子，更是如此。

下面介绍的自疗的方法家长可以协助孩子完成　不否定自己，不断地告诫自己"我是最好的""天生我材必有用"。不苛求自己，能做到什么地步就做到什么地步，只要尽力了，不成功也没关系。不回忆痛苦的过去，过去的就让它过去，没有什么比现在更重要的了。友善地对待别人，助人为快乐之本，在帮助他人时能忘却自己的烦恼，同时也可以证明自己的价值存在。找个倾诉对象，有烦恼时一定要说出来的，找个可信赖的人说出自己的烦恼。可能他人无法帮孩子解决问题，但至少可以让他发泄一下。每天给自己 10 分钟的时间思考，不断总结自己才能够不断面对新的问题和挑战。到人多的地方去，让不断过往的人流在眼前经过，试图给人们以微笑。

儿童恐惧症的家庭治疗

恐惧感的克服方法

如何帮助孩子克服各种恐惧

孩子的各类恐惧，是成长过程中必然伴有的现象。但是，这并不意味着这些恐惧就无关紧要。相反，我们应该帮助孩子克服恐惧，使他们能够健康成长。帮助孩子克服恐惧并不等于将他们与所有可怕的事物隔绝，这既不可能，也无必要。一位心理学家说过："如果孩子完全在父母的庇护下生活，长大了也会很脆弱。一旦灾难或不幸到来，他们就会垮掉，因为他们无力承受，也不知如何应付。"

那么，该怎样帮助孩子克服恐惧呢？

已上小学的孩子，容易害怕现实生活中的各种危险，如凶杀、车祸、火灾、地震、龙卷风等。由于他们精神上很不成熟，这些危险常会使他们心神不宁。对此，父母可以借助一些科学读物，让他们知道地震或龙卷风之类的自然灾害发生的机会是很少的，而且也是可以预测的。常看电视的家庭，应避免让孩子看暴力镜头。研究表明，常看暴力、凶杀类电视节目的孩子，不仅比别的孩子更容易产生恐惧和不安全感，而且容易介入暴力事件。如果孩子的某种恐惧感持续难停，父母还需从自己身上找找原因，或许是家庭中的某种不安定因素导致孩子产生恐惧。例如，父母关系不和，经常争吵，孩子更容易感到恐惧。

上了中学后的孩子容易患上社交恐惧，父母在帮助这一年龄阶段的孩子时，可能会感到棘手。因为青少年在这类问题上，不一定信服父母。他们在穿着打扮、待人接物、婚姻恋爱等问题上，已经有了自己的观点。父母可以鼓励孩子多交朋友，并在择友上加以指导。通过广泛交友，他们会发现，他们最好的朋友也有着同样的恐惧。这样，他们就会明白，他们自己的社交恐惧并没有想象的那样可怕。

青少年的恐惧还常常表现在学习上。很多中学生担心在学习上达不到家长和老师的要求。许多家长似乎没有意识到，他们对孩子要求过高会造成巨大的压力，使孩子精神失衡，结果只能揠苗助长。

我们不可能指望孩子对什么都不惧怕。即使是成人，也会有很多恐惧。但成人的长处在于善于控制和克服恐惧。对于孩子，我们能够做到的是帮助他们培养起足够的勇气和自信，并教给他们恰当的方法以对付成长过程中产生的各种恐惧心态。

克服恐惧感的方法

耐心解释科学原理

应避免孩子看暴力镜头

我们都会有恐惧的时候

要求过高，期望过大
只能揠苗助长

适应障碍的概念及症状表现

你的孩子有适应障碍吗

适应障碍原来属于我国的精神疾病分类中的"反应性精神病"范畴，自20世纪80年代美国 DSM-III 颁布以后，我国学者才参考其中的分类系统采纳"适应障碍"这一诊断术语。

适应障碍是指个体在明显的生活改变或环境变化时所产生的短期和轻度的烦恼状态和情绪失调，常有一定程度的行为变化等，常影响个体的社会功能，但并不出现精神病性症状。典型的生活事件有：居丧、离婚、失业或变换岗位、迁居、转学、患重病、经济危机、退休等，发病往往与生活事件的严重程度、个体的心理素质、心理应对方式、来自家庭和社会的支持等因素有关。目前，DSM-III 及 DSM-IV 将儿童青少年适应障碍按不同临床症状谱（抑郁、焦虑、品行障碍等）分别归属于适应障碍下的不同亚型。

适应障碍的临床表现形式多样，主要以情绪障碍为主，常见焦虑不安、烦恼、抑郁心境、无能力感，胆小害怕、注意力难以集中、惶惑不知所措和易激惹等，还可伴有心慌和震颤等躯体症状，同时可出现适应不良的行为而影响日常活动，病人可感到有惹人注目的适应不良行为或暴力冲动行为出现的倾向，但事实上很少有患者发生酒或药物滥用。

儿童可表现为退化现象，如尿床、幼稚言语或吸吮拇指等；青少年以品行障碍为主，如侵犯他人的权益或行为与年龄不符，如逃学、偷窃、说谎、斗殴、酗酒、破坏公物、过早开始性行为等；成年人多见情绪症状，焦虑、抑郁以及与之有关的躯体症状均可出现，但达不到焦虑或抑郁的诊断标准。

适应障碍的临床表现不一定与应激源的性质相一致，症状的严重程度也不一定与应激源的程度相一致。一般而言，症状的表现及严重程度主要取决于患者的病情个性特征。病程一般不超过6个月。若应激源持续存在，病程可能延长，不论病程长短、起病急缓，预后都是良好的，尤其是成年患者。

适应障碍的表现

偷 窃

说 谎

斗 殴

破坏公物

适应障碍的治疗方法

孩子有适应障碍怎么办

适应障碍的治疗原则包括消除应激源、治疗现存症状、并对预防提供必要的指导。规范的心理治疗是目前治疗适应障碍的主流方法，药物治疗在治疗抑郁和焦虑情绪时则显得非常重要，但不管是单独治疗还是联合治疗，医生都应该特别留意当前的治疗重心，以下简要介绍几种适应障碍的治疗方法。

消除应激源

一些症状较轻的适应障碍儿童在改变环境或消除应激源后，精神症状可逐渐消失。因此，应尽早可能减少或消除应激源，如对住院的儿童应提倡家长陪护，以减少对医院的恐惧感。

心理治疗

当应激源消失后，情绪异常仍无明显好转，则需要进行心理治疗。针对儿童青少年适应障碍常采用心理健康教育、支持性心理治疗及家庭治疗。心理治疗的首要目标应该是鼓励儿童把他们因为应激源引起的恐惧、焦虑、愤怒、绝望、无助感等用言语表达出来，确定由应激引起的主要功能紊乱是什么，然后找出减少应激的方法或提高儿童对那些不能改变的应激源的应对能力，帮助儿童调整心理的失衡。心理治疗作为适应障碍的有效治疗方法，治疗时间应不低于 6 个月，以促进儿童全面康复。

药物治疗

对适应障碍的儿童，药物治疗不作为首选的方法，主要用于症状严重者或加强心理治疗的效果，可在临床医生指导下，根据具体病情或儿童的主要症状酌情选用抗抑郁药或抗焦虑药。

适应障碍如何治疗

适应障碍的治疗方法		
消除应激源	心理治疗	药物治疗
一些症状较轻的适应障碍儿童在改变环境或消除应激源后，精神症状可逐渐消失	针对儿童青少年适应障碍常采用心理健康教育、支持性心理治疗及家庭治疗	在医生指导下，根据具体病情或儿童的主要症状酌情选用抗抑郁药或抗焦虑药

别害怕，妈妈陪你一起到医院做检查！

不要着急，慢慢说，把你害怕的原因告诉老师，让老师帮你想办法。

药物

抗抑郁药或抗焦虑药

创伤后应激障碍的概念及症状表现
当孩子遭遇重大创伤

　　创伤后应激障碍（PTSD）是指个体经历、目睹或遭遇到一个或多个涉及自身或他人的实际死亡，或受到死亡的威胁，或严重的受伤，或躯体完整性受到威胁后，所导致的个体延迟出现和持续存在的精神障碍。在现实生活中，儿童青少年不断在经历重大的生活事件，如暴力、劫持、强奸、战争、丧失父母、地震、洪水、车祸等，在该阶段出现的创伤后应激障碍也越来越多，同时受到越来越多的关注。

　　目前，儿童创伤后应激障碍的核心临床症状主要包括闯入性创伤体验、回避和警觉性增高这三大类，以下是三大症状的具体表现。

　　（1）闯入性创伤体验症状：主要表现为无法控制地重复回忆创伤性的经历与体验，如儿童常出现与创伤性事件相关联的、内容不太清晰的梦境，常从噩梦中惊醒、哭闹；或反复再扮演创伤性事件，玩与创伤有关的主题游戏，面临相关的提示时情绪激动或悲伤等。

　　（2）回避症状：主要表现为回避与创伤性事件有关的事情和场景，以及对一般事物的麻木反应，反映出儿童努力想在情感上和生理上远离创伤。在儿童身上常表现为分离性焦虑、黏人、不愿意离开父母。

　　（3）高度警觉症状：主要表现在某段时间里始终处于对创伤性事件的高警觉状态，在创伤性事件发生后的第一个月最为明显，在儿童身上常表现为过度的惊跳反应、高度的警惕、注意障碍、易激惹或暴怒、难以入睡等。

　　儿童年龄越大，重现创伤体验和警觉性增高症状就越明显，年龄较小的儿童，受语言表达能力的限制，更多地表现为攻击性行为及破坏性行为，如做噩梦，头疼、胃肠不适等躯体症状。总之，不同年龄段的儿童其PTSD的表现也可能不尽相同。

创伤后应激障碍的表现

创伤后应激障碍的治疗方法
孩子受创伤后该怎么办

　　根据目前的循证医学，心理治疗是根治 PTSD 最为有效的方法，常用于 PTSD 的心理治疗有认知行为治疗、催眠治疗、眼动脱敏再加工、精神分析疗法等。药物治疗如有关 SSRI 类药物，如帕罗西汀、氟西汀等对于缓解患者的症状、加强心理治疗的效果是肯定的，两者的联合使用应该成为第一选择。但儿童青少年的 PTSD 的精神药物治疗尚缺乏有力的依据，目前几乎无精神药物获得批准可用于儿童 PTSD。因此，大部分学者们不主张对儿童青少年的 PTSD 选择药物作为一线治疗方案。

　　以下介绍几种心理治疗方法：

　　认知行为治疗　PTSD 的认知行为治疗是来自对焦虑障碍的治疗方式改进。具体技术可以用系统脱敏和分级暴露等有效的行为治疗形式，如在可控制的情况下，让儿童回溯事件细节，采用想象技术与现实生活暴露等方式，帮助其逐步面对和控制以前无法抵抗的恐惧情绪，使个体的焦虑可以成为一种习惯，而焦虑出现之前的触发因素则可能丧失作用。通过认知疗法改善儿童否认回避现实的错误行为方式，提高适应能力。治疗时既要尽量消除应激事件的影响也要注意改造儿童不良的个性特征。另外，放松训练可减轻运动性不安，降低自主神经系统的活动，其中，渐进性肌肉放松训练对自主神经症状，如躯体不适症状、焦虑和失眠儿童有所帮助。

　　家庭治疗　假如儿童遭遇创伤后未及时从所在家庭获得必需的情感支持，那么家庭治疗就显得极为重要；家庭成员们可能难以直面孩子的痛苦，面对孩子的需要时可能缺乏应对技巧。有时，父母自己可能正沉浸于强烈的创伤痛苦当中，无暇顾及甚至意识不到孩子的症状。针对人际关系间创伤，诸如家庭内躯体暴力和性虐待等，父母直接参与治疗过程显得尤为重要。家庭治疗的目的是引导家庭成员识别和处理创伤体验，学会应对技巧，使儿童重获安全感及情感正常化，避免继发性应急的产生。

　　支持性心理治疗　为儿童提供情感支持，鼓励儿童讲述受创伤后的经历，使儿童尽快度过与应激相关的情绪反应阶段，帮助儿童建立治疗疾病的信心。

创伤后应激障碍的治疗方法

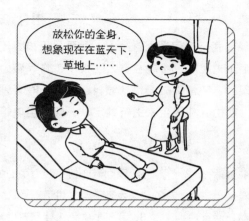

第4章　解析
恐惧症

专栏四

社交恐惧症自测[1]

　　社交恐惧症的表现形式不仅仅是面对陌生人而手足无措，还有不能在公众场合和人共饮，不能单独和陌生人见面，不能在有人注视下工作等较为极端的行为。在这种恐惧、焦虑的情绪出现时，还常伴有心慌、颤抖、出汗、呼吸困难等症状。所以，你是否患有社交恐惧症，得由专业医生来进行判定，一般可用以下的专业测试项目来进行测试得知：

1．我怕在重要人物面前讲话；

2．在人面前脸红我很难受；

3．聚会及一些社交活动让我害怕；

4．我常回避和我不认识的人进行交谈；

5．让别人议论是我不愿的事情；

6．我回避任何以我为中心的事情；

7．我害怕当众讲话；

8．我不能在别人注目下做事；

9．看见陌生人我就不由自主地发抖、心慌；

10．我梦见和别人交谈时出丑的窘样。

　　记分方法：每个问题有4个答案可以选择，它们分别代表：1．从不或很少如此；2．有时如此；3．经常如此；4．总是如此。根据你的情况在上表中圈出相应的答案，此数字也是你每题所得的分数。将分数累加，便是你的最后得分了。

　　（1～9分）放心好了，你没患社交恐惧症。

　　（10～24分）你已经有了轻度症状，照此发展下去可能会不好。

　　（25～35分）你已经处在社交恐惧症中度患者的边缘，如有时间一定要到医院求助精神科医生。

　　（36～40分）很不幸，你已经是一名严重的社交恐惧症患者了，快去求助专业医生，他会帮你摆脱困境的。

1）资料来源：http://wenku.baidu.com/link?url=Tewdr2auNr5MGp2l7OysuIzi5ZVOZ7sd6Y7q9L43CPCryvB3nYC Xh_Zsowcg-F07L0BpKuI3hev1u3ykDMZZBlpUWr3DWn6O0i1ESyT_Pra

第5章

解析
强迫症

强迫症患者的苦恼
思想不受自己控制

案例 小A是一位即将参加高考的学生，长期以来他一直生活在外公外婆家里。他说自己十二年苦读在此一搏，然而在临近高考的关键时期他却出了问题。他说自己的大脑仿佛不是自己的了，一动脑筋，它就会发出指令不许他思考，或者满脑子全是别的东西。例如，听到别人讲过的一句话，他会反复回想其讲话的主要内容，想不出来就痛苦，越想不出来就越是要去想，越想不出来越痛苦；别人做某事的动作细节，也会反复去想；对一些淡忘了的往事也常常非要想个明白，但由于时隔久远，就算想出来了也会自我否定，否定后再想，如此循环，永无止境……他越是着急，思维越是无法集中，越是临近考期，矛盾心理越重、强迫思维越是摆脱不了，造成恶性循环，焦虑万分，甚至想到自杀……希望得到帮助。

生活中，有些人被一些想法和行为所操控，比如反复想同一个问题，重复做同一件事情。尽管他们明知这些想法和行为是没有必要的，却无法停止。当这些想法和行为影响一个人的正常生活时，他就可能罹患了一种疾病，精神医学家称为强迫症或强迫性神经症。

患有强迫症的个体常为那些持续的、重复的想法或强迫动作感到烦恼，并引起毫无根据的、过分的、不必要的焦虑或恐惧。他们对自己的行为不断产生怀疑，经常需要询问别人，获得他人的证实。总的来看，强迫症的特征是：明知这些强迫想法和仪式行为没有必要，但不管怎样都要去完成。

一般认为，每五十个人中就会有一人得过强迫症，以男性为多见，特别多见于青少年学生，但青少年时期患强迫症在成年前都可康复。随社会的发展，尤其是现在的信息时代，如果一个人长时间孤独地面对电脑也很容易在特定小事上播下强迫心理的种子。

强迫症儿童的表现

儿童强迫症的概念
什么是儿童强迫症

所谓强迫症，是以强迫观念和强迫动作为主要表现的一种神经症，以有意识的自我强迫与有意识的自我反强迫同时存在为特征，儿童明知强迫症状的持续存在毫无意义且不合理，却不能克制反复呈现的观念、情绪或行为。

儿童强迫症是以强迫观念与强迫行为为主要表现的一种儿童期情绪障碍，占儿童与少年精神科住院与门诊病人的 0.2% ~ 1.2%。国外 Flarment 调查少年人口的患病率为 0.8%，终身患病率为 1.9%。1/3 ~ 1/2 的成年强迫症患者来自于儿童期。儿童强迫症发病平均年龄在 9 岁 ~ 12 岁，10% 起病于 7 岁以前。男孩发病比女孩平均早 2 年。早期发病的病例更多见于男孩、有家族史和伴有抽动障碍的儿童。低龄儿童男女之比为 3.2:1，青春期后性别差异缩小。2/3 的儿童被诊断后 2 ~ 14 年，仍持续有这种障碍。

一个正常的儿童，在他发育的早期，也可能有轻度的强迫性行为。如有的孩子走路时，喜欢用手抚摸路边的电线杆；有的孩子走路时，喜欢用脚踢小石子；有的孩子喜欢反复地计算窗栏或凉台栏杆的数目等，这类行为不伴任何情绪障碍，而且会随年龄的增长而消失。

一个患有强迫症的儿童，除此以外还常有其他强迫性症状，如强迫意向、强迫观念、强迫情绪等。其症状表现也多种多样，主要表现为强迫观念和强迫行为这两种类型，在后面章节会对其进行详细阐述。

总之，对于儿童青少年而言，强迫性行为经过一段时间有可能自然缓解，如果持续时间过长，造成强烈的情绪反应，并影响他们的日常生活和学习，则应视为心理障碍，应及时寻求心理医师帮助。

强迫症儿童的表现

儿童强迫症的临床表现和症状
我的孩子患了强迫症吗

　　强迫症的症状多种多样，既可为某一症状单独出现，也可为数种症状同时存在。在一段时间内症状内容可相对的固定，随着时间的推移，症状内容可不断改变。其基本类型有：

　　强迫思维或观念　指一种持久的思想、表象和冲动强加于意识中，持续和重复出现，包括词、数字、观念、思路、想象、情感和冲动，这种观念并非自愿产生，儿童企图摆脱但又无法摆脱。主要包括（1）强迫怀疑。怀疑已经做过的事情没有做好、被传染上了某种疾病、说了粗话、因为自己说坏话而被人误会等。（2）强迫回忆。反复回忆经历过的事件、听过的音乐、说过的话、看过的场面等，在回忆时如果被外界因素打断，就必须从头开始回忆，因怕人打扰自己的回忆而情绪烦躁。（3）强迫性穷思竭虑。思维反复纠缠在一些缺乏实际意义的问题上不能摆脱，如沉溺于"为什么把人称人，而不把狗称人"的问题中。（4）强迫对立观念。反复思考两种对立的观念，如"好"与"坏"、"美"与"丑"。

　　强迫性动作　指按照某种规则或刻板程序做出重复的动作或活动，这种行为活动是强迫观念的一种反应。一般来说，强迫性动作是用来抵消或减轻焦虑不适的心情，儿童明知不对却不能放弃。这种典型的强迫体验，在儿童期不十分明显，到了青春期以后的表现逐渐接近成人，强迫症的内心冲突和矛盾，焦虑的情绪和体验才日益突出。主要包括：（1）强迫洗涤。反复洗手、洗衣服、洗脸、洗袜子、刷牙等。（2）强迫计数。反复数路边的树、楼房上的窗口、路过的车辆和行人。（3）强迫性仪式动作。做一系列的动作，这些动作往往与"好""坏"或"某些特殊意义的事物"联系在一起，在系列动作做完之前被打断则要重新来做，直到认为满意了才停止。（4）强迫检查。反复检查书包是否带好要学的书、口袋中钱是否还在、门窗是否上锁、自行车是否锁上等。强迫症状的出现往往伴有焦虑、烦躁等情绪反应。严重时会影响到儿童睡眠、社会交往、学习效率、饮食等多个方面。

儿童强迫症的临床表现

第5章 解析
强迫症

强迫性格的典型特征
强迫性格的特点有哪些

  强迫症在传统认识上是属于功能性精神疾病，也就是说疾病症状是由于脑功能紊乱所引起的，没有肯定的脑器质性基础。但近些年来，随着科学的发展和研究的深入，研究者发现强迫症的病因并不是像过去人们所认为的那样简单，而是与很多因素都有联系，已经有证明的，如遗传、环境、心理基础、性格等，并发现一部分病人有脑病理及脑生理改变，但这些因素与强迫症发病尚没有肯定性关系，只能说强迫症与性格有较密切关系，甚至有人认为在精神疾病中，没有一种疾病的发生与病前性格的关系像强迫症那样明显。很多调查都发现强迫症病人的病前性格具有相当类同的特征，并称为强迫人格（或强迫性格），过去有称为精神衰弱（与神经衰弱非同义词）。强迫人格具有下列特征：

  决定事情之前，经常犹豫不决，反复思索，长久无结果地穷思竭虑。做任何事情都要求完美无缺，按部就班，有条不紊，对一切细节没有作特别考虑之前，不肯随便处理一件事情。因此，对任何事情都显得特别仔细和认真。不合理地坚持别人也要严格地按照他的方式行事，对别人做事不放心，因此常成为严格的父母和专制的主人。

  常有不安全感，处世办事唯恐疏忽和出差错，经常需要检查自己的行动是否正确，也不信任自己的记忆，需要做各种记录，见医生时，通常带着许多不同的便条，为了不放过任何一件"要事"，在便条中常赘述自己的体验和疑问。

  拘泥细节，甚至生活小节也要"程序化"，不遵照一定的规矩就感到不安或要重做。日常用品，如衣服、饰品、书籍等都必须妥放在特有的位置上，一般多具有几何学的整齐性和对称性。如被褥等都折叠得整整齐齐，如果一旦发现有人移动或坐在其折叠整齐的床边，就会感到十分痛苦或怒不可遏。

  完成一件事情之后常缺乏愉快和满足的体验，经常感到处处有不周、不足之处，从而产生悔恨和内疚心情。对自己要求极为严格，墨守成规，一丝不苟，难以通融，显得固执，灵活性差。由于对自己的所作所为有过高要求，因此当这些要求不能或难以完成时，就会感到极大的焦虑。

强迫性格的特点

强迫性格的缓解方法
正确对待自己的强迫性格

有强迫性格的人，大多过分谨慎小心，优柔寡断，对任何事多疑多虑，事情做过之后要反复推敲，总感到处理得不够完美。平时为人一丝不苟，与人交往严肃刻板，生活上也要求处理得井井有条，放置日常用品及衣物也是整整齐齐，如果稍有变动，则感到很不舒服。

强迫性格一般形成于幼年时期，一旦形成之后较难改变，强迫性格的特点决定一生中会经常在不愉快的心情中度过，孩子如果形成这样的性格，在社会上就很难适应。因此全面地认识和对待自己的强迫性格，对自己的发展有着重要的意义。那么该如何对待自己的强迫性格呢？

首先，对待这种特殊性格不要抱着"孤芳自赏"的态度，对于它的不完美方面要多加认识，从而树立必须加以克服的决心。要明白"人无完人"一个人不可能做到十全十美，不可能不出现差错，要允许自己犯错，这样的认识才较客观。

其次，要运用合理的方法去对待自己的凡事要求完美的习惯，可以抱着"随便些，让它去"的态度，不要不分事情大小的样样都管，可以分配些事情让别人去干，例如当发现自己对别人的做法不满意时，不妨抱着无所谓的态度，尽量把精力集中到有意义、有兴趣的事情中去，培养更多的兴趣爱好，自己注意力分散了，与人交往多了，则更有利于克服刻板的性格。

再次，要以宽容的态度对待周围的人，不要把自己的个性特点强加于人。例如有的具有强迫性格的人不仅自己特别爱清洁，也要求周围的人同自己一样，这样的做法是过分的。时间一久，必然会引起人际矛盾。

最后，在"战术上重视困难"，有决心和毅力作为基础。在矫正自己强迫性格的过程中，还会经常遇到心理冲突，心里感到难受、不舒服，严重时还会想到"打退堂鼓"，这就是焦虑反应。当这种焦虑反应出现时，除了心态的自我调整之外，有时还需服用一些诸如抗焦虑剂之类的药，以帮助渡过难关。

强迫性格的缓解方法

儿童强迫症的诱因
为什么孩子会患强迫症

强迫症是一种病因比较复杂的心理障碍，许多研究者分别从神经生化、遗传学以及心理学等多种途径探讨这一现象的成因。以下列举几种研究者发现的主要病因：

遗传因素 儿童强迫症具有遗传易感性，Lenane(1990) 发现儿童强迫症患者的20% 的一级亲属可以诊断为儿童强迫症。儿童的父母中强迫症的患病率为 5%～7%，比群体的发病率要高得多，儿童的同胞、父母及子女，属强迫性人格者也较多。

脑损害 各种脑损害都可以引起儿童强迫症。有人以 CT 检测发现，儿童期起病的儿童强迫症患者尾状核缩小，正电子发射 X 线体层摄影 (PET) 检查显示异常的局部葡萄糖代谢方式。虽然儿童强迫症的病因不明，但是许多线索提示与额叶、边缘叶、基底节功能失调有关。

神经递质异常 5- 羟色胺回收抑制剂能有效地治疗儿童强迫症，因此推论儿童强迫症存在 5- 羟色胺功能紊乱。多巴胺等神经递质也可能参与儿童强迫症的发病过程。

素质 特别是病前人格在本病病因中起重要作用，约 2/3 的强迫症病人病前有强迫性人格或精神衰弱。其主要表现为力图保持自身和环境的严密控制，他们注重细节，做任何事都力求准确、完善，但即使如此也仍有"不完善""不安全"和"不确定"的感觉。他们或者表现为循规蹈矩，犹豫不决，依赖顺从；或者表现为固执倔强，墨守成规、宁折不弯及脾气急躁。

社会心理因素 是强迫症重要的诱发因素，诸如由于工作、生活环境的变迁，责任加重，处境困难，担心意外，家庭不和或由于丧失亲人，受到突然的惊吓，等等。有些正常人偶尔也有强迫观念但不持续，但可在社会因素影响下被强化而持续存在，从而形成强迫症。

儿童强迫症产生的原因

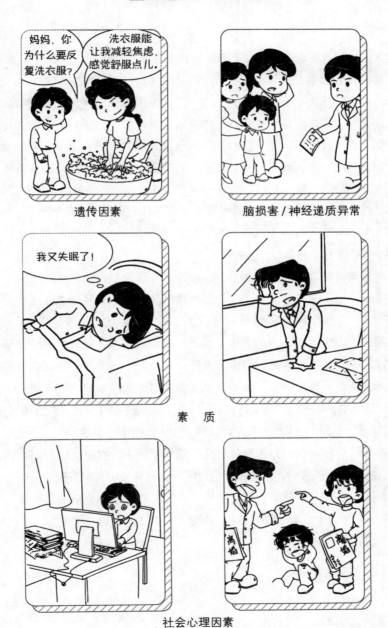

遗传因素

脑损害 / 神经递质异常

素 质

社会心理因素

第5章 解析
强迫症

强迫性思维的消除方法
强迫性思维要如何解决

　　心理医生建议，可以通过下列五种途径来消除强迫性思维：

　　消除精神紧张因素，改善心理状态　强迫性思维的出现或加重多发生于存在精神紧张因素或有心理压力、心理矛盾的状态。强迫性思维难以摆脱又加重心理矛盾，导致恶性循环，易出现焦虑情绪或心理上的痛苦。所以在人感受到心理压力加重的时候都需要特别注意心理卫生，尤其是原来就患有强迫症的人更需要加强预防意识，这不仅是个人要注意的问题，家庭和社会，亲人和老师也应予以重视。儿童周围的人要给予心理支持，帮助他们做好心理调适。心理状态的改善能阻遏或减轻强迫性症状的出现。

　　淡化对强迫性思维的恐惧　儿童要学会淡化自己对强迫性思维的恐惧，顺其自然。忽视它的存在，不要因为强迫性思维的存在而带来心理矛盾，造成焦虑情绪，不要把强迫性思维的存在看成是多么严重的问题。

　　转移对强迫症的注意　实际上也是一种淡化，即是把自己的注意力集中于工作、学习和业余兴趣上，尤其是当自己强迫性思维出现时，若能及时去注意别的事情，去从事自己最感兴趣的活动，转移自己对强迫性思维的注意，也就能避免心理矛盾和痛苦。

　　个性和自我心理调适能力的锻炼　大量临床资料提示，强迫症更好发于那些个性心理素质较差的个体，主要表现为意志不强，对自己的思维活动缺乏有效的控制，也表现为个体心理调适能力薄弱，难以避免强迫性思维所带来的心理矛盾，无力摆脱强迫性思维及其所引发的恶性循环。其实，克服强迫症的关键在自己，要磨炼自己的个性，增强自己的心理承受和心理调适能力，以期从根本上克服强迫症。

　　从根本上认识和领悟，力图对强迫症模式加以修正　在过去的经历中，深刻挖掘导致强迫症状的事件或原因，回忆重现当时的情境和体验，并联系现实重新加以认识，尽力予以修正，如有可能可请心理医生予以指导，实施精神分析与认识领悟治疗。如以自由联想、释梦、催眠等心理学手段，重现过去的（或幼时的）经历，重新加以对待。

消除强迫性思维的方法

强迫性思维的消除方法
- 消除精神紧张因素，改善心理状态
- 淡化对强迫性思维的恐惧
- 转移对强迫症的注意
- 个性和自我心理调适能力的锻炼
- 从根本上认识和领悟，力图对强迫症模式加以修正

儿童强迫症的心理矫正
系统脱敏与思维中止

强迫症并不可怕，关键在于儿童能否勇敢理智地面对它，战胜它，让它再也强迫不了你。另外，家长和心理医生应主要从改善心理环境，提高认知水平，阻断强迫思维，纠正强迫行为入手，进行心理治疗。为此，请家长根据孩子的情况试试以下几种心理疗法：

系统脱敏法 原理是通过肌肉的放松状态来对抗焦虑状态，这两种状态是不能相容的。一种状态出现，必然会对另一种状态产生抑制作用，即交互抑制。例如，当全身肌肉呈松弛状态时，机体的心率、呼吸、血压、肌电、皮电等生理反应指标都表现出与焦虑状态下完全相反的变化，这就是交互抑制作用。系统脱敏可分为：想象系统脱敏和现实系统脱敏。

（1）想象系统脱敏。先让儿童放松3～5分钟，然后治疗者对他说："当你感到非常舒适和轻松时，抬起右手的食指。如果你仍感到有点紧张，请抬起右手的食指。"当儿童抬起左手食指，治疗便可以开始。告诉儿童从害怕事件中等级最轻的（或情境）开展。"现在请把这个事件清晰地呈现在你的脑海里。"并把这一事件（或情境）保持20秒钟。然后让他报告想象情境时，体验到的焦虑程度。当儿童报告之后，指示他进入放松状态。如果儿童想象后焦虑程度降低，超过30秒或没有焦虑感，说明症状在改善，可停止对这一事件的想象，如果连续三次报告焦虑程度没有下降，可更换另外一个害怕的事件重新作业。

（2）现实系统脱敏。当给儿童建立害怕事件等级之后，将其引导到害怕事件的情境中，让儿童体验这种焦虑，反复多次之后，使其逐渐适应这种情境，不再感到害怕，然后再将他引导到下一个害怕的情境中。注意的是系统脱敏治疗都是从最轻的焦虑或恐惧事件或情境开始，逐渐加大难度。

思维中止法 教导儿童当脑子里出现"强迫想法"时，就弹手腕上的皮筋，并说指导语："这是我的强迫症，是自己强迫自己，应当马上终止！"可以反复做这个作业，但不要"迁就"自己的症状。

儿童强迫症的心理矫正方法

系统脱敏法

儿童强迫症的
心理矫正

思维中止法

儿童强迫症的心理矫正

让孩子不再被"强迫"

听其自然法 此法在于减轻和放松精神压力，告诉孩子任何事情听其自然，做完就不再想它，不再评价它了。比如，好像有东西忘了带，就别带它好了；担心门没锁好，就不锁它了；东西好像没收拾干净，就让它乱着吧。经过一段时间的努力来克服由此带来的焦虑情绪，症状是会慢慢消除的。

理性疗法 让儿童充分认识到自己症状中的非理性信念，认识到症状的幼稚性、不合理性，并对每一种非理性信念都用一种相应的理性观念去克服，通过认识增强理性，从而使症状减轻。

刨根究底法 根据精神分析学说，让儿童意识到造成心理疾病的真正原因，有助于症状的消除，所以家长可以帮助孩子从以下几条线索来探究童年的创伤性事件：

（1）幼时受过的伤害性事件（如毒打、诱拐等）。

（2）幼时对他人造成的伤害性事件（如使人致残、死亡，使财物严重受损）。

（3）幼时与最仇恨的人和最欺疚的人在一起生活的经历。同时还应该探究症状的最初起因和隐藏的含义。

满灌法 简单地说，就是一下子让孩子接触到最害怕的东西，比如说孩子有强迫性的洁癖，请他坐在一个房间里，放松，轻轻闭上双眼，家长在他的手上涂上各种液体，而且努力形容他的手有多脏，这时让孩子要尽量地忍耐，当他睁开眼，发现手并非他想象的那么脏，这对思想会是一个打击，即自己的不能忍受只是想象出来的；若确实很脏，他洗手的冲动会大大增强，这时家长不要让孩子洗手，这虽然会很痛苦，但要努力坚持住，随着练习次数的增加，焦虑会逐渐消退，但此法适合对意志力较强的孩子进行。

当头棒喝法 告诉孩子，当他开始进行强迫性的思维时，对自己大声喊停，或给别人信息让他喊停，但要注意信息要给得及时。当孩子在自疗的过程中遇到困难时，可以向他身边的朋友或心理学家寻求帮助，大喊一声我不要受"强迫"！

总之，在医生指导下，经过以上治疗方法，强迫症状会大为改善的。

儿童强迫症的心理矫正方法

听其自然法

理性疗法

当头棒喝法

满灌法

儿童强迫症的家庭矫正

治疗儿童强迫症——家庭环境的重要性

目前对于儿童强迫症常采用的方法有：系统脱敏法、暴露疗法等行为治疗方法。家长应从小注意对儿童良好性格的培养，不要向儿童提出各种过于刻板的要求，为儿童创设一个较为宽松和融洽的家庭生活氛围，这对于预防儿童强迫症能起到积极的作用。家庭治疗应注意以下几点：

树立信心　对于有强迫症的儿童，家长要帮助他们自觉认识和克服自己的性格弱点，指导孩子处理问题要当机立断，克服遇事犹豫不决的弱点。让孩子了解人的一生中必然要遇到各种各样的事情，不可能每一件事情都处理得那么合适与周全，出现一些不完美是在所难免的。鼓励孩子对自己要有正确的评价，应该看到自己的力量，树立战胜疾病的信心，多方面创造条件，让孩子获得成功，帮助孩子提高自信心。另外，还要注意丰富孩子的业余生活，分散孩子的注意力，以减少他们不必要的疑虑。

意念训练　儿童出现不可克制的强迫现象时，家长要帮助孩子用意念努力对抗强迫现象，使紧张恐惧的心情放松，并告诉孩子这种行为没有任何意义，并分散孩子的注意力。当然，做到这点是非常不容易的，需要经过反复训练并坚持，这种现象才会逐步消失。

深入思考　家长可告诉患病的孩子，如果强迫观念不能中断时，索性用尽心思去想，深入地想，并不断提醒自己：现在头脑中的强迫观念都是些什么？发现想想并不可怕，且什么时候都可以想。如此去想，强迫观念反而会逐渐淡化乃至消除。

培养爱好　家长要鼓励儿童多参加集体活动，多与外界接触，培养孩子多方面的兴趣爱好，如唱歌、跳舞、听音乐、打球、跑步等，以建立新的大脑兴奋灶去抑制强迫症状的兴奋灶，转移对强迫症状的高度注意力，这样可大大促进病情的好转。

纠正父母不良性格　如果强迫症儿童的父母自身有性格偏异，如特别爱清洁，过分谨慎，过于刻板，优柔寡断，迟疑不决等，要予以纠正，否则会影响儿童的康复，并且不利于孩子的心理发展，这一点甚为重要。

儿童强迫症的家庭矫正方法

儿童强迫症的家庭矫正

树立信心　意念训练　深入思考　培养爱好　纠正父母不良性格

树立信心

意念训练

培养兴趣爱好

治疗儿童强迫症的注意事项
治疗儿童强迫症应注意什么

强迫症的预后因人而异，有的儿童恢复得很好，有的略差，还有的属于难治性的。不管你的孩子属于哪一种，相信经过治疗都会有好的改善。作为家长，孩子患上强迫症，需要注意些什么呢？

首先，家长要接受孩子患有强迫症的事实，不必觉得这是多么可怕的心理疾病。强迫症神经症不是神经病，孩子没有器质性病变，强迫症是可以康复的。

其次，家长要尽量地理解孩子、尊重孩子。家长在家庭生活中不指责、不埋怨孩子哪些方面做得不好，不用过度关注孩子的强迫思维及强迫行为的消退，这样的过度关注和着急对孩子的康复是很不利的，家长要多表扬、多鼓励孩子做些力所能及的事情，给他们营造一个轻松的、良好的家庭氛围。如果能对孩子无条件的接纳、宽恕和爱，相信这是孩子康复的至关重要的条件，为孩子的顺利康复奠定了一个良好的基础。

再次，孩子症状缓解后，最好听从相关医生的建议考虑继续服药的时间。各种类型的强迫症，都可能需要服用一段时间的抗强迫药，停药以及加减药量则需咨询专业医生，千万不要自行调整药物治疗方案，以免加重病情。

最后，需要特别注意的是，专业方面的心理指导及康复留给专业人士来做，家长不要因为自己看过几本心理书籍就担当了孩子的治疗师，擅自对其进行治疗，一定要早发现、早治疗，积极配合专业治疗师或医生，外在因素抚慰孩子，给予足够的关心和呵护。

总之，当强迫症向孩子发起无情的进攻时，家长要做好孩子顺利康复的坚强后盾。

家长是孩子顺利康复的坚强后盾

做孩子顺利康复的坚强后盾

积极配合治疗

专栏五

强迫症的自我检测[1]

您要是想知道自己有无强迫症或强迫倾向，可用如下条目对照自己的情况进行评定。

1．我常产生对病菌和疾病毫无必要的担心。

2．我常反复洗手而且洗手的时间很长，超过正常所必需。

3．我有时不得不毫无理由地重复相同的内容、句子或数字好几次。

4．我觉得自己穿衣、脱衣、清洗、走路时要遵循特殊的顺序。

5．我常常没有必要地对东西进行过多检查，如检查门窗、开关、煤气、钱物、文件、表格、信件等。

6．我不得不反复好几次做某些事情直到我认为自己已经做好了为止。

7．我对自己做的大多数事情都要产生怀疑。

8．一些不愉快的想法常违背我的意愿进入我的头脑，使我不能摆脱。

9．我常常设想自己粗心大意或细小的差错会引起灾难性的后果。

10．我时常无原因地担心自己患了某种疾病。

11．我时常无原因地计数。

12．在某些场合，我很害怕失去控制而做出尴尬的事。

13．我经常迟到，因为我没有必要地花了很多时间重复做某些事情。

14．当我看到刀、匕首和其他尖锐物品时我会感到心烦意乱。

15．我为要完全记住一些不重要的事情而困扰。

16．有时我有毫无原因地想要破坏某些物品，或伤害他人的冲动。

17．在某些场合，即使当时我生病了，我也想暴食一顿。

18．当我听到自杀、犯罪或生病时，我会心烦意乱很长时间，很难不去想它。

当上面一条或一条以上的症状持续存在影响正常生活时，您有必要找专科医生咨询。

1）资料来源：http://baike.baidu.com/link?url=_09JGhb_OEphcke2hbwVwjjLktMJTiQ5HlUtxt8tkbBDyhU83–9xxjLCm_vfVOInsEa–goNTuy3XMBlyIsd5Pq

第6章
解析抑郁症

警惕儿童青少年之"抑郁杀手"

　　读初二的雯雯自诉三年来经常有一种难以言状的苦闷与抑郁，总感到前途渺茫，一切都不顺心，老是想哭，但又哭不出来，即使遇到喜事，也毫无喜悦的心情，过去去看电影、听音乐很有兴趣，但后来觉得索然无味。在心理专家看来，雯雯很可能患了抑郁症。

　　在心理学上，抑郁症是由各种原因引起的以抑郁为主要症状的一组心境障碍或情感性障碍，是一组以抑郁心境自我体验为中心的临床症状群或状态。抑郁心境是指在一段较长时间内所体验到的占优势地位的一种抑郁情绪或抑郁心情。

　　研究显示，儿童和青少年患抑郁症的概率越来越高，发病的年龄也呈越来越年轻的趋势。抑郁症儿童和青少年最先被留意到的，可能是一些行为的转变，例如成绩明显退步，在课堂上发呆，做白日梦等。此外，抑郁的情绪令他们变得非常沉默和远离他人，暴躁的情绪使他们有侵略性，甚至与老师和学校对着干，像是放弃了自己。还有，他们可能试图为改变自己的情绪而尝试滥用药物。值得关注的是，严重抑郁症可能会导致自杀行为的发生。近年来，儿童青少年发生自杀自伤现象日益增多。

　　现在的学生学业较繁重，尤其是成绩处于低谷之中的学生们，更易感到厌烦、焦躁，这种体验令人有窒息的感觉，从而产生本能的挣扎，最后爆发为疯狂的胡闹，寻找刺激和宣泄。歇斯底里发作之后会得到暂时的缓解，随后又陷入更深的自卑与无奈之中，常莫名地想哭、想喊、想到死。情绪上低沉，难以融入群体之中，独往独来，苦闷孤独。

　　心里矛盾重重，压力增大，所导致的抑郁情绪不但影响注意力、记忆力和思维敏捷度，使学习成绩下降，还会影响体质，如出现头痛、胸闷、心慌、气短、长出气，或突然面色苍白，大汗淋漓、心率快，心律不齐，呼吸困难，易被诊断为"心肌炎"，实际上各方面的检查又不够心肌炎的严重程度。于是断断续续看病，断断续续上课，最终是学业、身体两耽误。

抑郁症儿童的痛苦

抑郁症的诊断标准

我的孩子患抑郁症了吗

目前，我国对儿童青少年抑郁障碍的诊断主要是参考成人抑郁症的诊断标准，只是在一些症状条目上做了特别的注解。

关于抑郁障碍的诊断标准，在国际上常使用的有以下两种：（1）美国的《精神障碍诊断和统计手册（第4版）》（DSM-IV）；（2）WHO的《疾病和有关健康问题的国际统计分类（第10版）》（ICD-10）。另外，2005年，美国学者修订了《0～3岁婴儿和儿童早期心理健康和发育障碍诊断与分类—修订版》（DC:0-3R），是婴幼儿时期情绪和社会性发展及精神障碍分类方法和临床指南。在此，将把DSM-IV及ICD-10的诊断标准呈现在本章附图中给予家长们参考。

总的来说，抑郁症有三大主要症状，它有明显的特征，综合起来就是情绪低落、思维迟缓和运动抑制。

（1）情绪低落就是高兴不起来、总是忧愁伤感、甚至悲观绝望。在心境低落的基础上，儿童会出现自我评价降低，产生无用感、无望感、无助感和无价值感，常伴有自责自罪。

（2）思维迟缓就是自觉脑子不好使，记不住事，思考问题困难，"脑子好像是生了锈的机器""脑子像涂了一层糨糊一样"。儿童觉得脑子空空、变笨了。临床上可见主动言语减少，语速明显减慢，声音低沉，对答困难，严重者交流无法顺利进行。

运动抑制就是不爱活动，浑身发懒。走路缓慢，言语少等。严重的可能不吃不动，生活不能自理。

（3）抑郁症躯体症状，这是最容易造成误诊的症状。躯体症状是相对精神症状而言的，就是身体感到不适。抑郁症虽说是精神疾病，但很多病人都有身体不适：如口干、便秘、食欲减退、消化不良、心悸、气短胸闷等。这些患者往往就诊于综合医院的一般门诊，各项化验检查显示正常。如果您或您的孩子感到身体不适，又查不出其他器质性疾病，建议您到专科医院就诊，也许精神科医生会帮助您尽快恢复健康。

抑郁症的 DSM—IV 诊断标准

A	在连续两周的时间里，病人表现出下列 9 个症状中的 5 个以上。这些症状必须是病人以前没有的或者极轻的。并且至少包括症状（1）和（2）中的一个。 （1）每天的大部分时间心情抑郁，或者是由病人自我报告（例如，感到伤心，心里空空的），或者是通过旁人的观察（例如，暗暗流泪）。注意：在儿童和青少年中，可以表现为易激惹。 （2）在每天大部分时间，对所有或者大多数平时感兴趣的活动失去了兴趣。或者通过病人自我报告，或者通过旁人的观察。 （3）体重显著减少或增加（一个月内体重变化超过 5%），食欲显著降低或增加。注意：如为儿童，未达到正常发育的预期体重，也应作为考虑范围。 （4）每天失眠或者睡眠过多。 （5）每天精神运动亢进或减少（不只是自我主观感觉到的坐立不安或者不想动，旁人都可以观察到）。 （6）每天感到疲劳，缺乏精力。 （7）每天感到自己没有价值，或者自罪自贬（可能出现妄想）。这不仅是普通的自责，或只是对自己的抑郁感到丢脸。 （8）每天注意力和思考能力下降，做决定时犹豫（自我报告或者是旁人的观察）。 （9）常常想到死（不只是惧怕死亡），或者常常有自杀的念头但没有具体的计划，或者是有自杀的具体计划，甚至有自杀行为
B	症状不符合混合发作（双向躁郁）的诊断标准
C	上述症状对病人的生活工作或其他重要方面造成严重影响
D	上述症状不是由于药物的生理作用（例如，服药、吸毒、酗酒）或者躯体疾病所引起（例如，甲状腺分泌降低）
E	上述症状不能仅仅由丧失亲友来解释（如果有丧失亲友的事件发生，那么上述症状必须在事件发生后的两个月后仍存在，而且伴随着显著的生活、工作方面的功能缺损、病态的自罪自责，自杀观念，精神症状，或精神运动迟滞）

抑郁症的类型

抑郁症有哪些类型

　　抑郁症是由各种原因引起的以抑郁为主要症状的一组心境障碍或情感性障碍，是一组以抑郁心境自我体验为中心的临床症状群或状态。

　　抑郁症主要有以下几种类型：

　　双相抑郁症 即躁狂抑郁症，简称为躁郁症。兼有躁狂状态和抑郁状态两种主要表现，可在同一病人上间歇交替反复发作，也可以一种状态为主反复发作，具有周期性和可缓解性，间歇期病人精神活动完全正常，一般不表现人格缺损。

　　内源性抑郁症 有"懒、呆、变、忧、虑"五大临床特征。无原因变得疲乏无力，自觉懒散无能，工作或简单家务难以应付；动作减少，思维迟钝，构思困难，记忆力、注意力下降，脑功能减退；性格明显改变；情绪抑郁悲观，对一切无兴趣，精力、体力不足；多思多虑，焦急不安，心神不宁等。尚有顽固、严重的失眠和躯体不适症状。

　　反应性抑郁症 即由于各种精神刺激、挫折打击所致的抑郁症。在生活中突遇天灾人祸、失恋婚变、生病、事业挫折等，心理能力差的人容易患反应性抑郁症。此类抑郁症为"有因而生"，去除病因后能迅速康复。

　　以学习困难为特征的抑郁症 这类抑郁症可导致大、中、小学生产生学习困难——注意力涣散，记忆力下降，成绩全面下降或突然下降，厌学、恐学、逃学或拒学。近年来发现此病症很多，应引起重视。

　　药物引起的继发性抑郁症 许多药物可以诱发抑郁症。如有的高血压患者用降压片后导致情绪持续忧郁消沉。

　　躯体疾病引起的继发性抑郁症 生病急症容易使一些心理素质差的人产生抑郁症状，如心脏病、肺部疾病、内分泌代谢疾病，甚至重感冒、高热等都可引发这类抑郁症。

　　产后抑郁症 特别是对自己的婴儿产生强烈内疚、自卑（尤其是农村妇女生女婴后，受到婆母或丈夫的歧视时）、痛恨、不爱或厌恶孩子的反常心理。哭泣、失眠、吃不下东西，忧郁，是这类抑郁症患者的常见症状。

抑郁症的种类

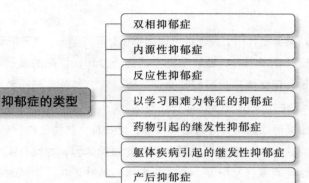

```
                    ┌─────────────────────────┐
                    │  双相抑郁症              │
                    ├─────────────────────────┤
                    │  内源性抑郁症            │
                    ├─────────────────────────┤
                    │  反应性抑郁症            │
  ┌──────────────┐  ├─────────────────────────┤
  │  抑郁症的类型 │──│  以学习困难为特征的抑郁症 │
  └──────────────┘  ├─────────────────────────┤
                    │  药物引起的继发性抑郁症   │
                    ├─────────────────────────┤
                    │  躯体疾病引起的继发性抑郁症 │
                    ├─────────────────────────┤
                    │  产后抑郁症              │
                    └─────────────────────────┘
```

双相抑郁症
兼有狂躁状态和抑郁症状态两种主要表现

反应性抑郁症
由于各种精神刺激、挫折打击所致

产后抑郁

以学习困难为特征的抑郁症

儿童抑郁症的种类
儿童抑郁症有哪些种类

　　儿童在遇到某些事件时，会表现出情绪抑郁，闷闷不乐，这不能认为不正常。但是，少数儿童由于遗传素质不良，或者早期生活经历坎坷，抑郁的表现可长期持续，这种长期存在的严重抑郁情绪可发展成儿童抑郁症。儿童抑郁症是一种脑部或者精神上的疾病，会影响儿童的认知、感受、生理与行为。

　　目前，儿童抑郁症通常可分为急性抑郁、慢性抑郁、隐匿性抑郁三种。

　　急性抑郁　这一类儿童发病前常有明显的精神诱因，如父母突然死亡，遭受意外灾害，或因病住院而离开父母等。这类儿童病前精神正常，发病时抑郁症状明显，如整天流泪、动作迟缓、声音低、食欲不振、乏力、失眠、噩梦、日渐消瘦，常常独进独出，不与其他儿童交往，有时可流露出绝望感。

　　慢性抑郁　这一类儿童过去常经历与父母的分离，或有其他的精神创伤病史，但并无重大突然的诱因。病前适应能力差，抑郁症状逐渐加重，表现为胆小、害羞、容易受惊、不合群、学习成绩下降，睡眠少而浅。检查时可发现其行为退缩、表情淡漠，并有厌世观念和自杀企图等。

　　隐匿性抑郁　这一类儿童的抑郁症状常常相当隐匿，多表现为其他方面的问题，如不听话、多动、执拗、反抗、攻击、不守纪律、学习困难、冲动捣乱等不良行为。也可出现头痛、呕吐、腹痛、腹泻、厌食、过食、大小便失禁等躯体问题。多数儿童抑郁不明显，但有的儿童可周期性地出现抑郁症状。

　　儿童抑郁症在学前儿童中较为少见，但在婴儿期可出现一种特殊的抑郁症，称为婴儿抑郁症，又名依赖性抑郁。这种抑郁症主要是由于婴儿早期母子分离的影响所产生的。

儿童抑郁症的种类

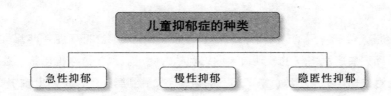

儿童抑郁症的种类

急性抑郁　　慢性抑郁　　隐匿性抑郁

这孩子最近怎么了，怎么晚上总做噩梦！

最近孩子状态不好，成绩一直在下滑。

我又考砸了。

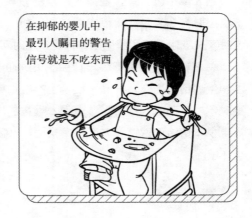

在抑郁的婴儿中，最引人瞩目的警告信号就是不吃东西

如何识别儿童青少年抑郁症

尽早识别儿童青少年的"心灵感冒"

抑郁症是人类第一号心理杀手，患病者自杀率高达 12%。抑郁症并非都呈现情绪低落症状，而是有各式各样的表现，早期识别颇为困难。现代医学提出抑郁症是因大脑生物胺绝对或相对不足所致，抗郁剂已从第一代发展到第四代，90% 以上的病人经过治疗可获康复。因此，早期正确识别抑郁症具有重要意义。近年来，成年期心理精神障碍有低龄化倾向，其中最引起关注的是儿童青少年抑郁症。与成年抑郁症患者相比，儿童和青少年患者可能没有明显的抑郁，但他们还是会有一些异常表现，需要家长及老师尽早识别：

情绪方面　患此症的儿童明显的特征表现为面部表情持久的抑郁且易激怒，烦躁不安。长期的抑郁情绪令儿童丧失自信心，觉得自己没有价值，对几乎所有的活动和娱乐都失去兴趣。

行为方面　可表现为动作减少、疲乏无力、食欲不振、胃痛或其他部位的不适、睡眠障碍（睡眠不规律、失眠或异常嗜睡）、遗尿、遗屎，等等。严重的抑郁还可能出现自杀行为。但儿童的抑郁症不像大人有明显的症状指标，可能会由于其情感表达尚未成熟，表达能力不够，被假性症状所误判。

对家长而言，当孩子成绩不好时，不要急于请家教，报怨孩子，给孩子施加压力，压力越大情绪越抑郁，智力发挥越受影响。如有一些孩子，一次考试失利，自己也痛下决心要打翻身仗，但事实却一次不如一次的成绩，最终溃不成军，就是这个道理。这时家长应耐心地了解原因，情况严重时可以向心理医生咨询，及时发现心理困扰。

总之，对于儿童青少年抑郁症关键在于提高识别，无论是家庭还是学校都应该关注学生的情绪变化，一旦怀疑学生存在情绪问题，应及时到心理精神专科就诊咨询，及时予以正确的治疗。当然，根本性措施在于预防，学校、家庭和社会应该在预防儿童青少年情绪问题这些方面携手努力，共同为孩子的健康成长创造一个良好的学习生活环境。

儿童青少年的抑郁自评问卷[1]

儿童抑郁问卷（Children's Depression Inventory, CDI）为国外应用广泛的，适合7~17岁的自评工具。CDI共27题，每题都由描述不同频度的三句话组成，分别按1~3记分。刘凤瑜（1997）探讨了CDI在我国同年龄段儿童青少年中的适用性，研究显示CDI基本适用于测量我国儿童青少年的抑郁水平。

【问卷项目举例】

根据你最近两周的实际感觉，请在最符合你情况的"□"内打"√"。

1. □我偶尔感到不高兴　□我经常感到不高兴　□我总是感到不高兴

2. □我不能解决任何问题　□我能解决遇到的部分问题　□我能解决遇到的任何问题

3. □我做任何事情都不会出错　□我做事情偶尔出错　□我做事情经常出错

4. □我做许多事情都有乐趣　□我做事情偶尔有乐趣　□我做任何事情都没有乐趣

5. □我的表现一直都像个坏孩子　□我的表现经常像个坏孩子
　　□我的表现偶尔像个坏孩子

6. □我偶尔担心不好事情发生　□我经常担心不好事情发生　□我总是担心不好事情发生

7. □我恨我自己　□我不喜欢我自己　□我喜欢我自己

8. □所有不好事情都是我的错　□许多不好的事都是我的错
　　□少数不好的事情是我的错

9. □我没有自杀想法　□我想过自杀但我不会去做　□我可能会自杀

10. □我每天都感觉想哭　□我经常感觉想哭　□我偶尔感觉想哭

11. □总是有事情干扰我　□经常有事情干扰我　□偶尔有事情干扰我

12. □我喜欢和别人在一起　□我经常不喜欢和别人在一起　□我总是不喜欢和别人在一起

13. □我遇到事情总是拿不定主意　□我遇到事情经常拿不定主意
　　□我遇到事情很容易拿定主意

14. □我长得很好看　□我在长相上有些不如意　□我长得很丑

15. □我总是强迫自己去做作业　□我经常强迫自己去做作业　□我很容易完成作业

……

1） 资料来源：https://wenku.baidu.com/view/6e1d7e3fa1c7aa00b42acb57.html

儿童青少年抑郁症的典型表现

儿童青少年抑郁症都有哪些表现

坦途无悦 面对达到的目标、实现的理想、一帆风顺的坦途，儿童并无喜悦之情，反而感到忧伤和痛苦。如有的考上名牌学校却愁眉苦脸、心事重重，想打退堂鼓。有的在学习期间，经常无故想休学、退学。

似病非病 儿童一般会感觉伴随身体上的某些不适。如有的孩子经常用手支着头，说头痛、头昏；有的用手捂着胸，说呼吸困难。他们的"病"似乎很重，呈慢性化，或反复发作，但做了诸多医学检查，却没发现什么问题，吃了许多药，"病"仍无好转迹象。

不良暗示 主要表现在两个方面：一是潜意识层的，会导致生理障碍。如儿童一到学校门口或教室里，就感觉头晕、恶心、腹痛、肢体无力等，当离开这个特定的环境，回到家中，一切又都正常。另一种是意识层的，专往负面去猜测。如儿童自认为考试成绩不理想；自认为某些做法是一种错误，甚至是罪过；自己的病可能是"精神病"，或真的是"精神病"怎么办等。

重复要求变换环境 可能在学校发生过一些矛盾，或者根本就没什么原因，儿童便深感所处环境的重重压力，经常心烦意乱，郁郁寡欢，不能安心学习，迫切要求父母为其想办法，调换班级或学校。当真的到了一个新的地方，儿童的状态并没有随之好转，反而会有其他理由和借口，总是认为环境不尽人意，反复要求改变。

反抗行为 儿童在童年时对父母的管教言听计从，到了青春期后，不但不跟父母沟通交流，反而处处与父母闹对立。一般表现为不整理自己的房间，乱扔衣物，洗脸慢，梳头慢，吃饭慢，不完成作业等。较严重的表现为逃学，夜不归宿，离家出走，跟父母翻过去的旧账（童年所受的粗暴教育，父母离异再婚对自己的影响）等。

自杀行为 重症儿童利用各种方式自杀。对自杀未果者，如果只抢救了生命，未对其进行抗抑郁治疗（包括心理治疗），儿童仍会重复自杀。因为这类自杀是有心理病理因素和生物化学因素的，儿童并非心甘情愿地想死，而是被疾病所左右了。

儿童青少年抑郁症的典型表现

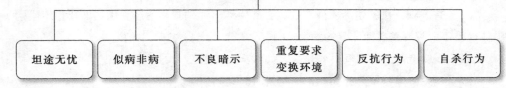

第6章 解析抑郁症

抑郁与情绪低落的区别

持久的情绪抑郁与正常的情绪低落不同

正常人情绪低落的特点

（1）有客观不良的生活事件存在，在此生活事件刺激之后产生情绪低落，用生活事件性质可以解释其情绪低落的发生。

（2）情绪低落持续时间一般短暂，如数小时或数天。

（3）情绪低落不是天天如此，更不是时时刻刻如此。

（4）经家人和亲朋好友的安慰劝解，低落情绪可以好转。

（5）变换环境，如外出旅游、逛公园或遇到高兴之事，可以冲淡不愉快的心情，或使心情高兴起来。或随生活事件的消失而情绪好转。

（6）一般随时间的推移，不快之情绪也日益淡化。

（7）一般不影响工作、生活、学习和社交。

（8）无抑郁症发作的其他症状，如认知障碍，躯体障碍等。

抑郁症的情绪特点

（1）可以在身处顺境，无客观不良生活事件的情况下莫名其妙地产生情绪低落，令家人亲友百思不得其解，甚至连病人自己也找不出原因。

（2）抑郁症情绪发作之前，可以有社会心理生活事件发生，但这种生活事件与其抑郁之发生并无明显的因果关系，并且不因生活事件的消除而情绪好转。

（3）情绪低落，抑郁往往持续数周、数月，不经治疗可长达数年。

（4）情绪低落几乎天天如此，不经治疗难以消除。

（5）一般安慰劝解疏导，改变环境均难以改善其抑郁情绪。

（6）在情绪抑郁期间，高兴之事不能使其情绪得到改善，感到高兴不起来。

（7）抑郁情绪随着时间的推移，并不淡化，相反会日益加重。

（8）抑郁情绪多影响工作、学习、生活和社交。

（9）具有抑郁症的其他症状，如认知障碍，精力减退缺乏症状。

（10）抑郁症抑郁情绪的发生，有其病理生化代谢的基础。

（11）内源性抑郁症表现为早上及上午情绪低落明显，而黄昏时分开始减轻，晚上更轻些。而外源性抑郁症则往往早上情绪好些，下午尤其是晚上重些。

抑郁与情绪低落的区别

抑郁症的生理因素
抑郁患者存在情绪调节异常

在美国一项针对抑郁症患者的情绪控制神经环路的脑部影像学研究中，研究人员发现，在处理消极境遇时，抑郁症患者和健康人的反应明显不同。我们知道，在特定的情况下，人出现消极情绪是很正常的现象，但抑郁症患者似乎在调节情绪的能力上存在缺陷，他们不能从消极情绪体验中恢复到平常状态。

健康人和抑郁症患者的情绪中枢本身的反应存在着巨大的差异　为了评估两者在抑郁时其情绪的调节作用，专家们设计了一系列图片，诸如车祸现场、危险动物等来激发强烈的消极情绪反应，然后检测健康人或抑郁症患者的脑部反应。要求参与者通过主观意识来降低对这些消极图片的情绪反应，比如想象一个积极的结局，或者设想这些图片场景不是真实的而是人为制造的。

结果正如预想的那样，不管是健康人还是抑郁症患者，通过增加大脑前额叶认知皮层区域的活动，都能起到调节脑部情绪中枢的作用。但是他们情绪中枢本身的反应存在着巨大的差异，包括脑部深处的杏仁核。在没有抑郁的健康人中，调节活动的强度高而情绪中枢的活动强度低，起到了主观努力压制情绪反应的效果。而抑郁症患者，尽管调节区域的活动很强烈，但同时杏仁核和其他情绪中枢的活动仍然很强。

抑郁症患者必要的情绪神经环路出现了功能缺损　研究认为，健康人可以通过自己的主观努力有效调节自己的消极情绪，但对于抑郁症患者来说，这些必要的情绪神经环路出现了功能缺损，患者越是努力，这种功能缺损就显得越突出。健康人越是使用认知能力进行调节，在降低情绪中枢活动方面的效果就越明显，而在抑郁症患者身上却是相反，他们越是努力，情绪中枢杏仁核的活动反倒越强。

专家推测可能有几个原因。其一可能是由于抑郁症患者的脑部区域之间的联系遭到了破坏，调节中枢的调节指令不能发送到情绪中枢；另外，其二可能是由于抑郁症患者会沉浸于消极思想中，当他们努力进行调节时，他们想得更多的是图片激起消极情绪的内容，这样做不能降低他们的情绪反应，反倒是激起了不良的情绪反应。

抑郁症的生理因素

开 心

忧 郁

抑郁症的产生因素

儿童青少年为什么会抑郁

引起儿童青少年抑郁症的原因是多方面的：

遗传因素　家族遗传性因素在儿童青少年抑郁症的发病中起一定作用，约50%的抑郁症儿童青少年的父母中至少有一人曾患抑郁症。抑郁症儿童青少年在发病以前，个性往往比较倔强、违拗，或表现为被动、无能、依赖和孤独。

认知因素　儿童青少年的认知在形成抑郁症的过程中也起着重要作用。这种看法认为，儿童青少年早期的经历，如分离、丧亲、缺乏母爱和家庭的温暖等易造成一种消极的认知背景，一旦儿童青少年遇到挫折时便倾向于贬低自己，产生无能、绝望的情感体验，并且对事物做歪曲和夸大的理解。消极的认知构成了抑郁症的易感性机理。

意外事件　某种客体如某人或某物的丧失对抑郁症的发生起着十分重要的作用，特别是当这个人或事对儿童青少年来说非常重要，儿童青少年把它看成与自己是一体的。当如此重要的人或物不复存在，如父母的分离死亡等，就会引起儿童青少年强烈的矛盾情感，并由此转化为对自身的敌意感，从而导致抑郁症的产生。

性格因素　有下列性格特征的儿童青少年更容易患上抑郁症：遇事悲观，自信心差，对生活事件把握性差，过分担心。这些性格特点会使心理应激事件的刺激加重，并干扰个人对事件的处理。

从以上的论述中我们看到，亲人之间的分离，家庭中母爱的缺乏对抑郁症的产生有着重要的影响，因此，对那些患有抑郁症的孩子，父母应尽量减少与孩子的分离，特别是长时期的分离。如果孩子的父母故去了，则应由别人来关心和照料孩子，给予他（她）温暖和爱。此外，还应及早地与医生取得联系，家庭和医院的密切配合是治愈儿童青少年抑郁症的重要保证。最后要指出的是，让儿童青少年患者服用一定的抗抑郁药也是十分必要的。

抑郁症的产生因素

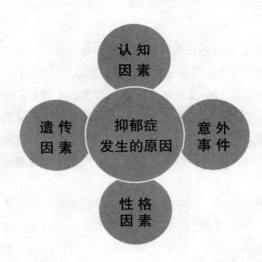

认知在形成抑郁症的过程中的重要作用

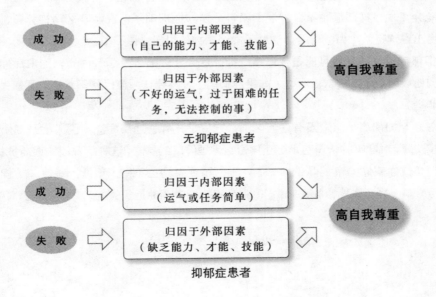

如何正确认识抑郁症

当前，人们对抑郁症认识还有许多误解，比如有很多人认为抑郁症是人格缺陷，认为得了抑郁症就无药可救了，现将这些误解一一澄清。

抑郁症并非人格缺陷　抑郁症是每个人都可能得的心理疾病，它不能说明你心胸狭窄，也不能说明你品质低劣或意志薄弱。但人们往往羞于承认自己患有抑郁疾病或对该病不予重视。其实，在正规的心理专科医院，医生通过检查和问诊能很快地确诊抑郁症。目前也有许多有效的药物可以治疗抑郁症，绝大多数患者经过治疗，病情都可得到改善。

抑郁症是可以治好的　这一点非常重要，抑郁症患者由于戴上了"有色眼镜"，常常悲观绝望，甚至企图杀死自己。其实，这是不理性状态下的不理性想法，所有治好的人回头想想自己原来的感觉，都会觉得好笑。所以，如果你患了抑郁症，就告诉自己，我的情绪感冒了，我的情绪现在正在发烧，还会打喷嚏，现在很痛苦，但只要治疗就会好的。

抑郁症与精神分裂是两码事　抑郁症是可以治好的，而精神分裂基本上很难治愈，且可能会复发，抑郁症也不会发展为精神分裂。你抑郁了，说明不是精神分裂，从某种程度上说这是一个好的信号，这辈子你想精神分裂都分裂不了。

抑郁症对你的发展可能是件好事　抑郁症会让你陷入反思和内省，治愈后你可能会达到比以前更高的层次。所以，如果你抑郁了，不要认为自己是不幸的。塞翁失马，焉知非福。

总之，抑郁症与感冒没有任何区别，它只是一种普通疾病。中国人心理健康的观念比较淡薄，对健康的认识基本上还停留在生理健康的层次，这种状况应该逐渐被打破。所以，如果你或你的亲人得了抑郁症，千万不要感到见不得人或低人一等，仿佛做了什么亏心事一样。从某个角度来看，得抑郁症可能说明你是优秀的。天才总是要抑郁的。

正确认识抑郁症

如何对待抑郁情绪
发生抑郁情绪时该怎么办

首先，要分析一下抑郁情绪发生的背景 天气不好时，如连着阴雨绵绵，一般人都会感觉到心境不好，做事无精打采，头胀，胃口不好，等到天气一晴朗，情绪就会立刻开朗起来，这是正常现象。还有，当工作学习连续紧张、身体劳累、睡眠不足时，一般人的情绪也会显得不好，懒动少言。但有的孩子抑郁情绪是发生在心理挫折之后，如考试失利、人际矛盾或家庭矛盾等，在情绪抑郁的同时，还伴有食欲不振、睡眠障碍、缺乏信心、悲观消极等。此时应注意心理的自我调适，客观地对待眼前的挫折，重振雄心，面向未来。

其次，要注意抑郁情绪的持续时间 每个人在一生中受到挫折是难免的，受到挫折出现一些情绪变化也是常见的现象。譬如生离死别是每个人必然要经历的，面对生离死别，主要的情感体验是抑郁，大致要经历3个阶段：第1阶段是情感麻木阶段，尤其是突然受到精神打击时，没有明显的抑郁，而有一种不现实的体验，否认亲人的离开；第2阶段才出现悲伤情绪，哭泣流泪，注意力不集中，食欲减退，睡眠障碍，消瘦，坐立不安，内疚，对不起离开的人，或责怪他人没有尽到责任；第3阶段是适应阶段，重新适应生活环境。

这种情绪变化的持续时期虽因人而异，但不会持久存在，如果持续时期较长，应该请求精神科医生的帮助。

最后，要注意抑郁的程度 程度的差异也是因人而异的，有的人受到环境挫折后抑郁程度较轻，经过劝解和自我心理调适就会渡过。有的人程度虽较严重，但也不会超过可理解的程度，例如经历生离死别时，一般也不会伤感到出现自杀的程度。

在正常程度范围内的抑郁主要是采取劝解，适当用些改善睡眠的药物，严重时可以酌量用抗抑郁剂。

对待抑郁情绪的正确方法

儿童抑郁症的治疗方法
为儿童抑郁症选择合适的矫治方法

儿童抑郁症的矫正一般可以通过以下几种途径进行：

心理治疗 许多种心理治疗都能有效地治疗抑郁症。心理治疗能够帮助儿童分析他们的问题来源，教会他们如何应付生活中的各种诱发抑郁症的事件，教会他们如何通过自己的行动增加生活满意度，减少导致抑郁的行为。

在心理学上有几种治疗方式如认知治疗、人际治疗及行为治疗对抑郁症有良好的疗效。根据不同的抑郁表现和临床医生的擅长，可以选用不同的心理疗法。如果儿童一直是郁郁寡欢，具有抑郁性格的话，可以采用认知疗法，帮助患病儿童改变导致抑郁的行为和思维方法，着重消除自卑心理，提高自信；如果儿童表现为孤僻、退缩以及与同伴隔离，则可采用人际治疗和行为治疗，帮助他们学会如何与人交往，提高其社会适应性和交往能力。

体育疗法 锻炼可以使人产生一种轻松和自主的感觉，有益于克服抑郁症患者共有的孤独感。但锻炼必须有一定的强度、持续时间和频率，才能达到预期效果。

认知疗法 抑郁症儿童往往是戴着有色眼镜来看待世界和他自己的。为了改变这种错误观点，洛杉矶精神医疗中心的加里埃默提出了"三A法"，即明白、回答、行动。

（1）明白：首先要承认自己精神上抑郁；其次要注意自己的情绪变化，言行举止有无异常，以及感觉思维的差别和身体反应等。

（2）回答：要学会每当产生一个错误时，自己及时地予以识别并记录下来。先写下自己的错误想法，再写下一个较为实际的选择答案，其目的是在实践中检验自己的想法。写完，询问自己："这会是真的吗？"然后再问自己："从另一个方面该怎样看呢？"

（3）行动：如果你感到不被人注意，那你就换一个新方式；如果你在学习上不能得心应手，则应修一门课程来提高自己的知识水平。还要多计划一些活动，使自己的生活规律化。

药物疗法 当然，心理治疗不是万能的，对一些严重的抑郁症儿童来说，应该在医生指导下进行药物治疗，然后再考虑联合使用心理治疗方法。

儿童抑郁症的治疗方法

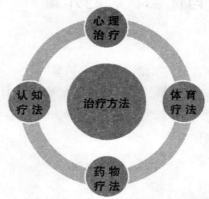

心理疗法

锻炼可以使人产生一种轻松和自主的感觉，有益于克服抑郁症患者共有的孤独感

体育疗法

认知疗法

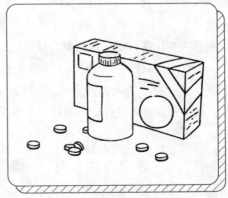

心理治疗干预必须与药物治疗相结合

家长应如何对待孩子的抑郁

家长要正确对待有忧郁状态的儿童

抚养孩子是一件很有挑战的事情，如果你怀疑孩子心情低落，或觉得孩子有抑郁的倾向，那么你应该注意以下几点。

（1）要改变对孩子的不正确的态度。要多关心他们，更重要的是学会理解他们，开导他们，避免专制的家长作风，让孩子把心中的积郁倾吐出来，对其进行合理地解释和解决。让孩子能从内心深处感到父母是他最亲近的人，是世上最疼爱他的人。这样，孩子的忧郁心境就会得到改善。

（2）不要对孩子管得太多、太苛刻。孩子大了，开始有自己的思想，有自己的权利和自由，他们喜欢在同代人中寻找欢乐，寻求共处。他们往往对父母过多的干涉表示反感，家长们应充分认识到这一点。

（3）要努力为他们创造一个愉快的环境。尽量安排他们多参加集体活动，增进与同龄孩子的交往，丰富他们的精神生活，开阔他们的心理境界。

（4）症状明显的忧郁症孩子，应在心理医生的指导下，服用抗忧郁药物。目前常用的药物有多虑平、阿米替林、氯丙咪嗪及麦普替林。其中，以麦普替林疗效最好，副作用最小，深受家长欢迎，唯价格较高。

（5）孩子忧郁症有时伴有危及生命的消极言行，尤其是对于已有自杀企图或有过自杀行为的孩子，家长必须予以高度警惕，严密监护，以防其自杀。必须强调，尽管抗忧郁药物效果良好，但一般要在服药后两周才会出现明显的疗效，约一个月才能控制住症状。因此，在服药的最初阶段，家长仍然应对儿童进行严密监护。此外，凡有自杀倾向的孩子，必须请儿童心理医生做较长期的心理治疗。

（6）家族有抑郁症的孩子更易患抑郁症。如果家长怀疑自己的孩子患了抑郁症，不要犹豫，立即带他去看医生。医生会通过心理测试和细致的了解做出判断。治疗抑郁症的方法很多，医生会根据孩子的具体情况选择最合适的治疗方案。

家长对待忧郁儿童的正确态度

第6章 解析
抑郁症

如何改善抑郁的情绪状态

消除抑郁有妙法¹⁾

　　几乎所有人都在某个时候经历过"郁闷""难过""烦躁"之类的情绪低落状态，然而持续性的抑郁状态不仅会影响人的身体健康，还会影响对他人的感觉、思维和行为。美国学者托尔认为，不同的人进入不同的抑郁状态，只要遵照以下 14 项规则，抑郁的症状便会很快消失。这 14 项规则包括：

　　（1）必须遵守生活秩序，与人约会要准时到达，饮食休闲要按部就班；从稳定规律的生活中领会自身的情趣。

　　（2）留意自己的外观，自己身体要保持清洁卫生，不得身穿邋遢的衣服，房间院落也要随时打扫干净。

　　（3）即使在抑郁状态下，也决不放弃自己的学习和工作。

　　（4）不得强压怒气，对人对事要宽宏大度。

　　（5）主动吸收新知识，依照"活到老学到老"的格言，尽可能去接受新的知识。

　　（6）建立挑战意识，学会主动解决矛盾，并相信自己成功。

　　（7）即使是小事，也要采取合乎情理的行动。即使你心情烦闷，仍要特别注意自己的言行，让自己合乎生活情理。

　　（8）对待他人的态度要因人而异。具有抑郁心的人，显得对外界每个人的反应态度几乎相同。这是不对的，如果你也有这种倾向，应尽快纠正。

　　（9）拓宽自己的情趣范围。

　　（10）不要将自己的生活与他人的生活比较。如果你时常把自己的生活与他人作比较，表示你已经有了潜在的抑郁，应尽快克服。

　　（11）最好将日常生活中的美好的事记录下来。

　　（12）不要掩饰自己的失败。

　　（13）必须尝试以前没有做过的事，要积极地开辟新的生活园地，使生活更充实。

　　（14）与精力旺盛又充满希望的人交往。

1） 资料来源：http://news.xinhuanet.com/health/2007-10/29/content_6951945.htm

消除抑郁的方法

专栏六

抑郁自评量表（SDS）[1]

　　请仔细阅读下面表格中的每一项内容，把意思弄明白，然后根据您最近一星期的实际情况选择适当的选项表示：A 没有或很少时间；B 小部分时间；C 相当多时间；D 绝大部分或全部时间。

　　　　1. 我感到情绪沮丧，郁闷；　　*11. 我的头脑像往常一样清楚；
　　*2. 我感到早晨心情最好；　　*12. 我做事情像平时一样不感到困难；
　　　　3. 我要哭或想哭；　　　　　13. 我坐卧不安，难以保持平静；
　　　　4. 我夜间睡眠不好；　　　*14. 我对未来感到有希望；
　　　　5. 我吃饭像平时一样多；　　15. 我比平时更容易激怒；
　　*6. 我的性功能正常；　　　*16. 我觉得决定什么事很容易；
　　　　7. 我感到体重减轻；　　　*17. 我感到自己是有用的和不可缺少的人；
　　　　8. 我为便秘烦恼；　　　*18. 我的生活很有意义；
　　　　9. 我的心跳比平时快；　　19. 假若我死了别人会过得更好；
　　　10. 我无故感到疲劳；　　　*20. 我仍旧喜爱自己平时喜爱的东西。
　　*表示反向计分题号。

　　计分：正向计分题 A、B、C、D 按 1、2、3、4 分计；反向计分题按 4、3、2、1 计分。反向计分题号：2、5、6、11、12、14、16、17、18、20。

　　总分乘以 1.25 取整数，即得标准分，分值越小越好。

　　按中国常模结果，抑郁评定的分界值标准分为 53 分，53~62 分为轻度抑郁；63~72 分为中度抑郁；大于 72 分为重度抑郁。

1）资料来源：http://baike.baidu.com/link?url=ig-dmCLdg90W6tmegFmwh3_Ph3DDCFSumAF9ozX2FAwd-jiYy70_NeWb2-jZd6txWMlHvHp7HQstDn-srBCUdv3HyoAi32CRCdQVACc61hcqs7wbEEWdOYMUXELWrp-oDykLCSRm7m0WLsBwqo4Yb_